献给
小蚂蚁班的36个孩子
和我挚爱的女儿晓晓

孙子育　张洪燊　边中奎　王梓涵
王润锴
　　周锴扬　薛雅琪　卞轶琳
　　　朱培君　　尹玺程　　王子曦
　　　李可心　杜安然
路钧晗　　　　　王昊宇　　　潘禹辰
　　王书嘉　　　杨艺佳　　　王心汶
　　　孙树华　　　　刘皓天
　　　许金庸　刘士林
　　　　马镕彤　　　　温宸瑜
刘睿妮　王恩远　李雅静　边子娴

榜样教师丛书
丛书主编 朱永新

教室，在书信中飞翔

常丽华&小蚂蚁班 中澳两地书

常丽华

著

教育科学出版社
·北京·

出 版 人　所广一
策 划 编 辑　毛文星
责 任 编 辑　郑　莉
版 式 设 计　杜　敏
责 任 校 对　贾静芳
责 任 印 制　曲凤玲

图书在版编目（CIP）数据

教室，在书信中飞翔：常丽华 & 小蚂蚁班：中澳两地书/
常丽华著．—北京：教育科学出版社，2012.11
（新教育·榜样教师丛书/朱永新主编）
ISBN 978-7-5041-7063-7

Ⅰ.①教…　Ⅱ.①常…　Ⅲ.①基础教育—教育实践
Ⅳ.①G63

中国版本图书馆 CIP 数据核字（2012）第 253983 号

新教育·榜样教师丛书
教室，在书信中飞翔
JIAOSHI，ZAI SHUXIN ZHONG FEIXIANG

出版发行	*教育科学出版社*				
社　　址	北京·朝阳区安慧北里安园甲 9 号		**市场部电话**	010-64989009	
邮　　编	100101		**编辑部电话**	010-64989593	
传　　真	010-64891796		**网　　址**	http://www.esph.com.cn	
经　　销	各地新华书店				
印　　刷	北京铭传印刷有限公司		版　　次	2012 年 11 月第 1 版	
开　　本	152 毫米×220 毫米　16 开		印　　次	2012 年 11 月第 1 次印刷	
印　　张	18		印　　数	1—7 000 册	
字　　数	161 千		定　　价	24.80 元	

如有印装质量问题，请到所购图书销售部门联系调换。

丛书序

让生命在教室的原野上绽放

朱永新

曾经，我说过——

教师不仅仅是园丁，他自己本身应该是一朵美丽的花。

教师也不是春蚕，教师的生命在每一个季节。

教师还不是人类灵魂的工程师。人类的灵魂不可能是一个机器，让工程师任意修理，用一个固定的工艺流程去塑造或者改变。而且，教师自己的灵魂由谁去塑造呢？

教师更不是蜡烛。那种把教师看成是点燃自己照亮别人的说法，其实很荒唐。把学生发展的前提建立在牺牲教师的基础之上，显然并不妥当。

有人说，教师是绚丽的晚霞，在照亮天空的同时，也呈现出自己的美丽。但是，晚霞退却时，那星星和月亮构成的夜色天空难道不美丽吗？

那么，教师究竟是什么？

其实，教师就是教师。教师与学生是一对互相依赖的生命，是一对共同成长的伙伴。教师首先是一个人，他有自己的喜怒哀乐，有自己的油盐酱醋，他必须做好一个人，争取做一个大写的人，一个能够影响学生健康发展的人，一个永远让学生记住并学习的人。

而教室，则是教师与学生共同筑造的王国，是生命扎根的广袤土地，是故事演绎的辽阔舞台，是传奇书写的多彩画卷，是一个个平凡而闪亮的日子的叠加，是一组组精彩而从容的课程的穿越……

就这样，教师的心，诗意地栖息于教室中，从而在学生的心灵上，穿越、编织、赋予、显现……

以上一切，曾被人质疑为仅是理想的蓝图，空中楼阁般，美则美矣，却不现实。

新教育实验跋涉十年，迄今终于可以不无骄傲地说：我们一线教师，已经将这些文字化为行动、化为生命本身，然后，再次提炼为这一套丛书。

因此，从这些教师心灵的叙事里，我们能看到的不仅有理想，还能得到具体教育案例的启发，更能读到复杂多变的现实教室生态——不只有欣喜，不只有幸福，不只有成就感的充实与满足，还有着真切的劳累，真实的怀疑，单调机械的重复，形式主义的束缚，甚至还有考试压力与无数造假工程带来的厌倦与动摇……

但这一切的一切，都如同种子深埋于土地深处时，从黑暗里汲取的那些养分。最终我们将欣然发现，在榜样教师们孜孜以求的努力下，师生的生命日复一日地朝向阳光成长，直至绚丽绽放！

我深信，这样一群教育的追梦人，会越来越多。因为，时光不会辜负脚步，成长永远需要榜样。

是为序。

2012 年 9 月 10 日教师节

目 录

聆听孩子们生命拔节的声音

张志勇[1]

今天是 4 月 4 日，清明节。

吃过早饭，徜徉于美妙的雪山脚下，漫步于充满青春活力的大学校园，被初春的暖阳裹挟着，抚摸着，心中的那份惬意无处躲，也无处藏。

在如此美好的心境中，阅读常丽华老师的《教室，在书信中飞翔》，真是我人生中一件无与伦比的美事。

常丽华老师是一位非常优秀的小学语文老师，不然她不会入选第二期"齐鲁名师建设工程人选"。想不起是什么时候，与朱永新老师一起参加活动，谈起常丽华老师，他丝毫不吝啬对

---

① 作者为山东省教育厅副厅长。

她的赞赏，称她是"中国的雷夫"。雷夫，何许人也？美国第二大小学——洛杉矶市霍伯特小学教师是也。该校位于贫民窟中心，超过九成的学生来自移民家庭和贫困家庭。雷夫却让第56号教室的孩子们成为热爱学习的天使，他独创的阅读、数学等基础课程深受孩子喜爱，孩子们着迷一般每天提前两小时到校，放学后仍然不愿离去。雷夫在第56号教室创造的奇迹轰动了美国，他先后获得美国"总统国家艺术奖"、英国女王颁发的不列颠帝国勋章（M.B.E）、1992年"全美最佳教师奖"，等等。"中国的雷夫"，这不得不让我对常丽华老师更加刮目相看。

　　我与常老师真正面对面的接触，是在"齐鲁名师建设工程人选"赴澳大利亚学习考察总结会上。看到我参加汇报会，校长们、老师们既充满期盼，又有几分紧张。因为我一向要求严格：一不要念稿，二不要重复，三要谈出自己的思想，四要通过案例支撑自己的思想，五不要超出规定时间。不仅如此，在聆听汇报的过程中，我会时常和校长、老师们对话。毋庸讳言，常老师的汇报是最令我满意的之一。常老师没用讲稿，直接娓娓道来，既充满对澳大利亚教育的敬意，又有作为中国教师的自信。她认为，自己教室里的课程一点也不比澳大利亚同行的差。而且，她利用赴澳大利亚学习考察的机会，创造了"中澳两地书"课程。她把自己在澳大利亚期间的所见、所思、所感，及时用书信的方式介绍给学生，内容涉及人文、地理、教育等多个方面。而她的学生则把这些书信作为语文教材，通过回信的方式，表达对老师的思念，并在信中汇报自己的学习生活——这是一种独特的语文课程，常老师写了 16 封信，孩子们平均写了 10 封回信。

常老师利用今年春节假期，将她和学生的书信进行了整理，并对入选学生的回信作了点评，同时附上了一些背景材料。常老师希望我为她即将出版的这本书写几句话，我慨然应允。

常老师非常善解人意，知道我比较忙，说写序的事不用着急。我感谢常老师的理解和宽容，但这毕竟是我的承诺，尽快履行诺言，成为挂在我心中的一件大事儿。

今天，我用了一整天的时间，如饥似渴地拜读常老师和她的学生共同创作的这本书。常老师一路走来，一路观察，一路思考，一路奋笔，让人心生敬意。她的观察如此细致，她的感受如此敏锐，她的文字如此朴实，她的思想如此隽永；而她学生的回信，或洋洋洒洒，或清新扑面，或童趣盎然，或稚嫩拙朴，令我卷难释手，不得不一口气读完。

掩卷长思，一群刚上小学三年级的孩子，通过书信往来，不但可以分享常老师在澳大利亚的心得，与常老师交流自己在家的学习生活，还能合着常老师喜怒哀乐的节拍，抒发自己的思想、情感与体验，什么"热爱读书"、"善待大自然"、"从容不迫"、"热爱健身"、"综合课程"、"做让世人尊重的中国人"等，让人无法相信这些回信是出自一群不过八九岁的孩子笔下！在这里，我分明听到了孩子们生命成长拔节的声音。这声音如此悦耳动听，如此让人心驰神往，这不正是教育应有的全部意义吗！

美国的雷夫老师在自己的教室里创造了"让每个学生都成为爱学习的天使"的教育传奇，常丽华老师同样把教室看做自己创造教育传奇的舞台。她要"让每一个生命都在教室里开花，让每一个孩子能在清晨醒来时，对即将开始的一天充满期待和向往；让每一个孩子结束一天的学习回家时，能对教室充满留恋和不舍"。她的学生热爱学习，酷爱读书，三年级就完成每个月平均 50 万字的阅读量，很多孩子能写千字文……常丽华老师创造教育奇迹的秘密武器，就是小蚂蚁教室里卓越的课程：晨诵、整本书共读、经典文本阅读、童话剧、生日故事、旅行课程等。这些课程让小蚂蚁教室里的每个孩子，都与众不同起来。而设计这些课程的核心，则是让孩子们通过克服困难而拥有成就感,从而更愿意去克服困难,并不断地获得生命的尊严。

我赞赏常丽华老师的探索,更赞赏常丽华老师的课程观。教育的意义不在于知识的传承,而在于师生共同搭建生命成长的舞台;教师的幸福不在于自己的学生金榜题名,而在于时时刻刻、真真切切地聆听学生生命拔节的声音。

2012 年 4 月 4 日

就这样牵手

常丽华

从 2009 年 9 月开始带小蚂蚁班，两年多的时间，除非不得已的活动，我从未离开过教室。

很多人不理解：为了一帮孩子，牺牲自己的发展，值吗？

但什么是个人的发展呢？发表文章？取得一堆荣誉称号？飞来飞去讲课或者办讲座？我一向不看重这些。生命的本质是向内的，一个老师，除非你在自己的教室里取得了卓越的成就——创造了卓越的课程、培养出卓越的学生，否则，一切都是没有意义的。

就像美国的雷夫老师那样。

但这并不意味着闭关自守。我知道我需要什么，围绕着教室里的课程，我一天也没有停止过阅读和创造。看着教室里每一个和我日日厮守的孩子，我也一天没有停止过对他们的好奇和研究。

接到省教育厅"齐鲁名师建设工程"为期 21 天的赴澳大利亚学习的通知时，我有些犹豫。如果能在孩子们四五年级时参加出国培训，那就再好不过了，孩子们毕竟大了。而三年级，正是小学阶段的一个过渡时期。所以，我决定请假。

给省厅外事办打过去电话，接电话的是一个年轻的小伙子，他笑着说："如果你不去，我们的很多计划和申请都要重新来，你再慎重考虑一下。"

要给别人造成这么大的麻烦？一想，还是去吧。

幸亏小蚂蚁们已经三年级了啊——一年级，每个孩子完成了 100 篇左右的读写绘，他们用画笔涂抹出了一个个精彩的故事，父母用文字帮他们记录下来，那是属于一年级孩子的最佳表达方式；二年级，每个孩子又创作了 100 篇左右的写绘日记，绘画逐渐淡出，孩子们慢慢地开始拥有驾驭文字的能力；三年级，大部分孩子已经迷恋上文字的魔力，热爱写作成为小蚂蚁班的一大特点。

在这个背景下，"中澳两地书"就水到渠成了——既然孩子们喜欢用文字来表达，我不在的日子，就让他们各自书写自己的故事。任何资源都可以成为课程——和小蚂蚁们一起书写

"中澳两地书"的故事，凭借着文字，我们一起去旅行。

决定了，就要提前准备。

我离开后，谁来上课？班级管理怎么办？小蚂蚁班的课程都是自己创造的，几乎不用课本，如果不了解，代课老师就很难把握。我想到了路钧皓的妈妈——曹建梅老师，Ms 曹（英语教学是我们学校的一大特色，因此孩子们习惯上称呼女老师为 Ms，"Ms 常"、"Ms 曹"等称呼由此而来）。Ms 曹教英语，是临淄实验中学最棒的班主任之一，因为身体原因请了一年的假。当我把意图说给她听时，她一口答应下来。我走之前的一个月，她就开始了跟班听课。Ms 曹对学生要求一向严格，她遵循的管理原则是父性之爱；而我的班级管理，对低段的原则是母性之爱。这是两种完全不同的管理模式。当我看到很多孩子在回信中说 Ms 曹是"恶巫婆"时，忍不住大笑：他们不知道这些信是由 Ms 曹来批阅的吗？天真的孩子们啊！Ms 曹不以为忤，笑呵呵地给我发短信：这个恶巫婆，我会一直当下去。

到了三年级，父性之爱和母性之爱的尺度把握，是 Ms 曹留给我的一个课题。

Ms 曹代课期间，晨诵要进行谢尔的诗歌之旅，语文课要进行安徒生童话课程之《拇指姑娘》的学习。上课用的 PPT 我留给了 Ms 曹，但一到课堂实战，Ms 曹就发现，晨诵能把握，语文课就太难把握了，她觉得带着孩子们很难走进文本深处——这毕竟是一篇 8000 字的文章。于是，《拇指姑娘》只上了一节课，其他的语文课就大多用来读信、写信了——这样，"两地书"课程也就有了充足的时间。

感谢 Ms 曹——因为她，我才能心无旁骛地投入到赴澳学习中。

我原想从 36 个孩子的回信中，每人至少选一封放到书中，但毕竟是三年级啊，孩子们的差别还是很大的。所以，我就选了二十几个孩子的回信——这不能不说是一个遗憾，并在回信中配上了他们的照片。我无意要出书，只是想通过这种方式，纪念我和孩子们共同走过的这段旅程。

我已经向孩子们承诺，这本书出版后，所得稿费全部用于班级图书馆的建设。

有几个孩子要特别提一下。一个叫王文翰，他是我妹妹的儿子，所以他的署名都是"您的外甥"。这个曾经两次跟着我到中央电视台录制关于新教育节目的孩子，阅读量之广，思维之活跃，深得新教育实验发起人朱永新老师的赞赏。李韶丛和王馨迤是两个很有语言天赋的女孩，文章字字珠玑。所以，他们的回信，就多选了几封。

　　要感谢的，是小蚂蚁班的 36 个孩子，他们让我看到了生命的奇迹。

　　感谢小蚂蚁班的每一个家长——有了他们的理解和支持，我才能和孩子们走得更远。

　　感谢张志勇厅长百忙之中为这本小书写序——如果没有他策划的"齐鲁名师"赴澳大利亚学习的活动，就没有这本书，也没有我和孩子们这段难忘的旅程。

　　就这样牵手，虽然只是短短 21 天的旅程。

　　小蚂蚁班的故事，还长着呢。

　　我充满信心。

2012 年 1 月

2 5 5 4 0 0

写给小·蚂蚁们的第一封信

一切美好的事物

常丽华

亲爱的小蚂蚁们：

你们好。

要离开你们三个星期的时间，真是舍不得。不过，这三个星期里，我会把我在澳大利亚看到的、听到的写给你们看，而你们，也要把你们的生活写下来——通过"两地书"，我们依旧生活在一起，不是吗？

这段日子，Ms 曹要和你们一起学习生活。你们都看到了，在我离开之前，Ms 曹已经跟班听课一个月了！多了不起啊——没有人给她发工资，也没有人会要求她怎么做，可是你们知道吗，昨天晚上，为了找到一首合适的谢尔诗歌之旅的主题歌，Ms 曹一直到 11 点才睡呢！为什么？她就是希望能把最美好的东西带到你们面前啊！所以，亲爱的小蚂蚁们，每天放学的时候，要拥抱一下 Ms 曹，向她表示感谢——她可是我们班的超级义工啊！

昨天收到 Ms 曹的短信，知道你们如醉如痴地热爱着阅读，到学校的第一件事情就是打开书，真是开心啊！班级书架上的 300 多本书，是一个巨大的故事宝库，等着你们念动咒语打开呢！我们刚刚读完了《德国，一群老鼠的童话》，凭借着阅读，莉莉拯救了自己，也拯救了整个鼠群。什么是阅读？莉莉的话，你们不但要背过，还要真的让那些句子在你们的生活中"醒"过来：阅读是飞翔，是扬帆远航，是用另一双眼睛看世界……

　　但是，我们的生活中不能仅仅有阅读！一个孩子，如果没有音乐与绘画，没有钢琴、小提琴或古筝的沉浸，没有毛笔与白纸的摩挲，没有对那些美妙歌声的沉溺，想要拥有最高的语文素养，是不太可能的。所以，当我们热爱阅读的同时，也要热爱艺术，热爱一切美好的事物。现在，小蚂蚁班有三分之二还要多的同学在学乐器——每天半个小时的练习，大家可不是仅仅为了得

到 50 元班币①的奖励，而是在享受手指触摸键盘或者拉动弓弦时的快乐。三年级下学期，我们就要组建"小蚂蚁班室内交响乐团"了，到那时，音乐会带给我们什么呢？真是期待啊。"小蚂蚁合唱团"也马上要成立了，那天籁之音，会经由你们的口，在教室里回荡。等到四年级下学期，我们要开软笔书法课，那时，你们会了解中国书法的奥妙。

刚刚结束的顾城诗歌之旅，我们用《虫儿飞》开头，纯净的音乐，就像顾城纯净的心；我们用《隐形的翅膀》结束，就是要告诉自己，和顾城一样，我们都有一双隐形的翅膀，凭借着诗歌、故事、音乐、书法等一切美好的事物，我们就能飞过绝望，在我们生命的白纸上，画下希望、光明和未来！

和大家聊聊这两天的安排吧。昨天来到济南后，先是一个下午关于出国注意事项的培训，晚上就在宾馆住下了。今天要从济南飞到上海（济南没有国际航班），然后从上海出关，晚上 7 点半的飞机，第二天早上 9 点到澳大利亚的墨尔本。在墨尔本停留两天，再飞往南澳州的首府阿德莱德。剩下的时间，我们就在阿德莱德听课学习了。学习结束后，最后两天要再去澳大利亚首都

①　为了将"我要遵守规则"内化为孩子的道德原则，参考美国雷夫老师的做法，小蚂蚁班实行了一项特殊的经济制度，其中，印有班级合影的自制班币是支付学生"工资"、进行奖惩的重要手段。详见本书附录《在经济学的天空下》。

堪培拉和最繁华的都市悉尼看看，24 日返回。只要不是在飞机上，我会每天给你们写信的。我也很想知道你们的学习情况，所以，也给我写回信哦！对了，今天早上洗澡的时候，我不小心滑倒了，手腕到现在都疼得厉害，所以，你们可一定一定要注意安全！在教室里绝对不能追跑打闹！

　　对了，昨天收到薛雅琪的短信，真是诗的语言啊！和大家分享一下：

　　我想哭，我想让秋天的暴雨，在心头涌流！亲爱的 Ms 常，你在的时候，我还在秋天的果实中翱翔，你现在走了，我的牙齿全部掉光，也不能啃果实了！Ms 常，我这几天都在悲痛之中，一听到别人喊 Ms 曹，我就幻想成 Ms 常。Ms 常，你竟然忘了拿我给澳大利亚学生写的信，呜呜……

　　这样的文字，真有顾城的味道啊！我真的很抱歉，怎么忘了拿雅琪的英语信了呢？真是对不起！我相信，过几天，你们就非常非常喜欢 Ms 曹了！Ms 曹说，爱你们，既要温柔，更要严厉，否则，就是溺爱了！要赢得 Ms 曹的温柔，你们就要遵守班规，做好自己的事情啊！你们写回信的时候，可不要只写大白话哦，可以写写你们一天的生活，也可以写写自己读过的新书……

祝你们继续吮吸着秋天果实的甘甜！

常丽华

2011 年 11 月 3 日星期四

王文翰写给 Ms 常的回信

亲爱的 Ms 常：

您好！今天收到您的信，真是万分开心啊！从今天开始，我们也跟着您去澳大利亚旅行啦！

对了，这个周一，我又被罚款了。至于为什么，我就不说了，反正罚款的时候，我是心平气和地接受的。除了这些，小蚂蚁们都过得顺顺当当。今天听写了两次，极少的小蚂蚁满分，我两次都满分哦。一次满分奖励 10 元，所以我就挣了 20 元，厉害吧？嘻嘻！

Ms 常，自从您走了以后，我就向妈妈保证，要做一个全新的王文翰。这不，我在学校的生活就有了改变，在家里，也同样如此。妈妈对我说，我现在的很多问题，都是她造成的，因为她一直学不会放手。但是，妈妈说，从现在开始，所有关于我自己的事情，掌控权都在我自己手里，妈妈将不再限制我的生活。我一听，觉得一个对自己如此放纵的孩子怎么能配得上一个如此之棒的妈妈呢？于是，我就开始脱胎换骨，做一个全新的王文翰，开始我人生中的一段全新的生活。每天早上起床，我会看好课程表，自己收拾好书包。吃饭时，我会主动帮妈妈盛饭，吃完饭，我要把饭碗收到水池子里。每个星期，我会帮妈妈洗一次碗。妈妈给我写了一封信，说她不是我和爸爸的仆人，她也有自己的事情要做。我觉得妈妈说得很对，她必须要对我放手了。

Ms常啊Ms常，您这次去澳大利亚，也是您人生中一段全新的生活，您能不能也像我们一样顺顺当当呢？您在家的时候，都是我妈妈做饭，您吃得好，生活得好，是我妈妈的功劳。现在，您一个人出远门，能不能有一点生活常识？比如您在酒店摔伤了手腕，就是因为您缺少生活常识导致的，您是不是也应该脱胎换骨了呢？

Ms常，您走了并没有多么可怕，因为还有Ms曹呢！Ms曹比您更辛苦，在教室里一待就是一天。所以，我们应该像爱您一样爱Ms曹，Ms常啊，您就放心吧！盼着您的回信！

您的外甥：王文翰

2011年11月3日

常老师点评：

　　这个家中藏书超过千册的孩子，对知识的热爱常常让我动容。但他又是一个很难控制自己情绪的孩子，尤其在面对班币时。他在学习上游刃有余，再加上会理财，所以一直在班里稳居"首富"的位置。而为了保住这个位置，班币简直就成了他的命根子！每到周末，他都要清点 N 次他的班币。如果不小心被扣掉班币，他肯定会朝我大喊大叫——我既是老师，又是姨妈，我俩的战争就不可避免地在学校里上演了。我知道，在我离开的当天，他已经因为罚款和曹老师吵了一架。但信中提到的这次罚款，他竟然能心平气和地接受，看来，和他后面的自省有很大关系。而我的离开，对王文翰来说的确是好事。这是他成长的一个契机。读到他后面说我缺少生活常识，忍不住大笑。我妹妹为了照顾儿子，毅然决然辞职，成为全职妈妈，也因此承担了我们家的大部分家务。我的生活状况，的确如王文翰所说。感谢我的妹妹！

王馨遥写给 Ms 常的回信

亲爱的 Ms 常：

您好。

您不在的日子，我觉得好像过了一千年，虽然只有一天的时间。今天，终于收到了您的第一封信，我们的心里啊，就像喝了蜜一样甜，看到您信上说摔着了手腕，又有些心疼——已经好了吧？希望已经好了。

Ms 常，您不在的这些日子，Ms 曹给我们上课。我要悄悄告诉您，很多同学下课后偷偷地对我说："我觉得 Ms 曹很像巫婆，Ms 常就像仙女。仙女走了，去澳大利亚了，换了巫婆给我们上课了！" Ms 常，这可不是我一个人说的啊，是很多小·蚂蚁

都这么说。

　　当然了，亲爱的 Ms 常，我一定要好好学习，遵守规则，

不让 Ms 曹当恶巫婆，要让 Ms 曹当第二个温柔的仙女。

　　我写了一首小诗，送给您吧：

　　　　想念，

　　　　是秋天的风，

　　　　把心都刮凉了；

　　　　想念，

　　　　是秋天的雨，

把心都淋湿了；

想念，

是秋天的太阳，

带着一丝冷意；

想念，

是秋天的黑夜，

漫漫的等待。

亲爱的 Ms 常，我们都好想您啊！您还有 20 天才能回来，时间也太长了啊！

祝您一路平安！

想念您的王馨迤

2011 年 11 月 3 日

常老师点评：

馨迤是一个对诗歌相当敏感的孩子。二年级一年的晨诵，我们随着金子美玲的诗走过了四季，100 多首诗背下来，孩子们的语言不知不觉间发生着变化。二年级结束时，很多孩子已经提笔就能写出很有味道的儿童诗了。馨逸是其中的佼佼者。暑假里，她和爸爸妈妈去海南度假，每到一处，她都要写一首诗，情不自禁地写。那首《海浪》真是好：海浪是淘气鬼 / 把我在沙滩上的画 / 一下抹掉 / 我气得跺脚 / 它却翻着浪花咯咯笑 / 又淹我的脚丫丫 / 看我还不高兴 / 就送给我各种贝壳 / 连声说 / 别生气别生气 / 我是和你开玩笑。而这封信里的《想念》，也是情之所至。新教育的晨诵，从一年级的儿歌童谣，到二年级的儿童诗，三四年级的农历课程，一直到高年级泰戈尔的大地课程和中国的儒家课程、道家课程，带给孩子的，是何其丰富的精神食粮！

孙孟泽写给 Ms 常的回信

亲爱的 Ms 常：

　　您好！

　　亲爱的 Ms 常，您走了，一个世界就消失了。但是，另一个世界也诞生了。

　　清晨，我们用黄莺一样的声音，来回报清晨的微风。您虽然不在，但我们的晨诵还是跟以前一样好。今天，Ms 曹带着我们开始了谢尔大叔的诗歌之旅，我们读得真是有味极了！男孩子的声音像山一样浑厚，女孩子的声音像百灵鸟一样清脆，而齐读的时候呢，仍然非常有节奏，该高的时候高，该低的时候就低，这样的节奏您最喜欢了！

今天，我们学的是《向上跌了一跤》：

我给鞋带绊倒，

向上跌了一跤——

向上跌过屋顶，

向上跌过了树梢，

向上跌过城市上面，

向上跌得比山还高，

向上跌到半空，

那儿声音和颜色交融在一道。

我朝四周一看，

顿时眼花缭乱，昏头昏脑，

我的肚子实在难受，

于是直往下掉。

这首诗简直好玩极了！被鞋带绊倒，竟然向上跌了一跤！多么丰富的想象啊！我们读着读着都忍不住哈哈大笑呢！

Ms 曹发给我们一个写诗的小本子，我们都模仿着这首诗，也写了一首《向上跌了一跤》。等您回来看看，您就知道有多好玩了。

Ms 常，这两天的语文课，我们学了语文书上的几首古诗。我最喜欢的是《九月九日忆山东兄弟》：独在异乡为异客，每逢佳节倍思亲。遥知兄弟登高处，遍插茱萸少一人。读着这首诗，我就感觉特别伤心——王维思念他的亲人，我也思念您啊！

学了《望天门山》之后，丁子轩竟然把古诗也改写了送给您。我都背过了，您听——

抢Ms常

——丁子轩改《望天门山》送Ms常

幸福中断痛苦来，

望眼欲穿泪汪汪。

两班开始对抗赛，

看谁抢走Ms常。

丁子轩说，两班就是我们小蚂蚁班和澳大利亚的那个班——他真是太有才了！

亲爱的Ms常，说来说去，我们还是希望您快快回来啊！

爱您的孟泽

2011年11月3日

常老师点评：

每天的晨诵，孩子们用诗歌来迎接黎明，这是一天的开启，也是孩子们最盼望的时刻。谢尔是一位享誉世界的艺术天才，他是美国人，诗歌风趣幽默。如我想象的那样，孩子们果真很喜欢。新教育的晨诵特别强调诗歌和孩子当下生命的编织，所以，每一首诗我都和 Ms 曹讨论过，孩子们对晨诵的感觉也就和以前一样了。最难得的是 Ms 曹，每一首晨诵的诗，她都不知道在家里练习了多少遍，直到自己感觉读出味道来！孟泽是我的得力助手，也是同学们心目中的大姐姐。王文翰很少服人，却很服孟泽，因为当他面对着乱糟糟的抽屉洞一筹莫展时，孟泽一眨眼的工夫，就帮他收拾得利利索索了。

255400

写给小·蚂蚁们的第二封信

阅读，阅读，阅读

常丽华

亲爱的小·蚂蚁们：

你们好。

抱歉，我把时差给忘记了。今天早上 9 点到墨尔本，是墨尔本的时间，北京时间是 6 点钟。为什么会有时差呢？这个问题留给你们自己研究，下次回信的时候记得告诉我。

今天这封信，我们再回到阅读中。

有人作过调查，在机场，日本、美国、德国等发达国家的人们在等飞机时，几乎人人捧着名著在读。中国呢？等飞机的中国人看书的很少，如果有看的，也是看杂志、报纸之类。昨晚，我有机会在国际机场（上海浦东机场）等飞机，真的看到了这个调查的真实性。

浦东机场的候机厅内很漂亮，也很安静，我旁边有一位金发碧眼的年轻姑娘，她手中拿着一本英文书，一直旁若无人地在读。我的斜前方是一位蓝眼睛的小伙子，同样拿着一本书在读。他们坐在那儿，神态安详，目光所到之处，就是手中的书。当然，候机厅内，大部分是中国人，我眼睛所能看到的范围里，没有一个人在读书，要么在看电视，要么在聊天，要么在忙着照相。如果你们也在机场，会主动拿出一本书开始阅读吗？我不知道。看到照片上的我了吗？当时，我在用电脑给你们发飞信，及时告诉你们我的行程。发完飞信后，我便打开了随身带着的书。

　　巧的是，上了飞机后，我右边又是一个老外。他大约有 50
岁的样子，个子高高的，很儒雅。放好行李后，他刚坐下来，就
拿出一本厚厚的 16K 纸那么大的英文书开始阅读，仿佛这是再
正常不过的事情。我一下就想起，在教室里，还有的小蚂蚁需要
我提醒才能拿出书来，更别说在公共场合了。飞机起飞时我比较
晕，闭着眼睛不敢动，等飞机平稳之后，我发现那位老人一直在
看书，嘴角带着微笑，他的脸，也似乎因为阅读而罩上了一圈光
晕，让人肃然起敬。整整一个晚上，那位老人大概睡不着，我每
次醒来，都看到他在读书，有时候会换一本小一点的英文书读。

好几次，我想开口问他在读什么，可最终没有开口，一是恐惧自己的英语口语太差，二是怕打扰了他。

我又一次想到了莉莉。

如果没有莉莉，老鼠们的生活会是什么样子？撒豌豆、捡豌豆，拉窗帘、关窗帘，随时进行路队操练，无休止地搭积木……所有的老鼠不知道为什么生活会变成这种样子。最可怜的是老鼠卡琳，在完全失去自我以后，它竟然从一个受害者变成了帮凶。你们有没有想过，如果没有莉莉，这样的生活还要持续多久呢？

不可想象。

我们已经在语文课上讨论过，知道莉莉是犹太人的代表——热爱阅读，几乎就是犹太人的标志。据说，古时候犹太人的墓园里就放着书本，理由是夜深人静时，死者会出来看书。这其实是在告诉人们：一个人的生命会有结束的时候，而求知却是永无止境的。时至今日，犹太人还保留着一个沿袭下来的传统——把书橱放在床头，以表示对书籍的顶礼膜拜。

犹太人把书籍视为珍宝，即使是对自己民族进行攻击的图书，也不会将其焚毁。你们都已经知道，以色列人均拥有的图书馆和出版社的数量居各国之首。书是犹太人最宝贵的遗产。正因为如此，这个民族曾出现过许多伟大的思想家和科学家，其中有影响世界历史进程的马克思、爱因斯坦、弗洛伊德等伟人。也正因为如此，第二次世界大战期间，希特勒疯狂屠杀犹太人，而犹太人凭着自己的智慧和勇气，战胜了那场灾难。如今，在美国的亿万富翁中，犹太人就占了五分之一。诺贝尔奖是世界上公认的含金量最高的科学奖项，而犹太人占了诺贝尔奖获奖者的近四分之一。

阅读，阅读，阅读——这是犹太人在世界上为自己赢得尊严和地位的最重要的法宝。

今天，我们已经到了澳大利亚的墨尔本。上午到公园里走了走，发现草地的长椅上，到处都是捧着一本书在读的澳大利亚人。

澳大利亚人热爱阅读，日本人热爱阅读，美国人热爱阅读，德国人热爱阅读……中国人呢？不用去想别人，想想你的爸爸妈妈，想想你周围的那些人，有多少人能够让阅读像呼吸一样自然？他们是不是大都在没事的时候喜欢看看电视、聊聊天？一个国家的强大，和这个国家的人爱不爱读书有直接的关系。亲爱的小蚂蚁们啊，我们是中国人，我们热爱脚下的这片土地，20 年、50 年、100 年之后，这片土地是否依旧美丽富饶？是否每一个踏上这片土地的人都会有留恋和不舍之情？是否每一个和我们接触的外国人都能对我们心生敬佩？我们的尊严在哪里？

亲爱的小蚂蚁们，我们无法要求别人怎么做，那就从我们自己做起吧。其实，你们已经很热爱阅读了，但是想想莉莉怎么说的："我知道了这些故事的表面意思之后，我还可以往深处走一走。"是啊，往深处走一走，一本自己喜欢的书，可以反复阅读，每一次阅读，都往深处走一走，就会有不同的收获。我知道，王文翰已经把十一本《猪宝弗雷迪》读了好几遍了。故事里的冒险、幽默、神奇，以及语言的风趣深深地吸引着他，每读一遍，他的收获都比前面一遍要多。往深处走一走还意味着，你不能只读贝贝熊的故事了，我们书橱里有太多太多精彩的书：哈利·波特系列、国际大奖小说、科学地理故事……它们在那儿躺着，等着你去"吻醒"呢！借一本有难度的书吧，一边读，一边和爸爸妈妈讨论，往故事的深处走一走！

阅读，阅读，阅读——像莉莉那样，像热爱阅读的犹太人那样，我们要做一个热爱阅读的中国人！一个人，两个人，三个人……中国，因此就成为一个热爱阅读的国家了！不是吗？

等我回去的时候，11月就快结束了，这个月50万字的阅读计划，希望每个小蚂蚁都能超越，都能在故事的深处发现更多的惊喜。

记住哦：去吻醒那些故事！凭借着那些故事去飞翔，去扬帆远航……

从今天开始，试着写600字以上的回信吧。语文课上，你们可以互相欣赏彼此的回信，一起讨论怎么把信写好。"挑战不可能"，可是小蚂蚁们喜欢的事情哦！

期待你们的精彩！

常丽华

2011 年 11 月 4 日星期五

王文翰写给 Ms 常的回信

亲爱的 Ms 常：

您好！

我先回答您关于时差的问题。时差的产生是由于随着地球自转，一天中太阳东升西落，太阳经过某地天空的最高点时为此地的地方时 12 点，因此不同的经线上具有不同的地方时。全世界总共有 24 个时区，一个时区到另一个时区有 15 度，北京在东八区，而墨尔本在东五区，所以说呢，你们就比我们早 3 个小时了。

Ms 常，您关于阅读的这封信，让我想了很多，为什么很多中国人对阅读不是发自真心的热爱呢？我觉得，就是因为他们没有往阅读的深处走。您知道吗，我现在开始一点一点地往阅读的深处走了。就说《汉娜的手提箱》吧，这本书给了我太多的震撼。当时，正是第二次世界大战的时候，汉娜这个犹太女孩经历了什么呢？汉娜本来有一个幸福的家庭，爱她的爸爸妈妈，还有哥哥。可是，纳粹党却没收了汉娜一家的所有东西。汉娜非常生气，她和她的家人有什么错呢？就因为他们是犹太人吗？况且，汉娜的爸爸妈妈都被纳粹给害死了呀！可恶的纳粹党变本加厉，他们把孤苦无依的兄妹俩抓到了集中营。在集中营里，汉娜和哥哥乔治缺衣少食，过着悲惨的生活。但是，汉娜拿出她仅有的食物送给了哥哥，她是多么善良，多么勇敢，多么乐观啊！最让我感动的还不止这些，真正打动我的一段是在集中营里，汉娜和一个名字叫爱拉的女孩成了好朋友，爱拉同样是一个勇敢、善良、乐观的犹太女孩。当汉娜和爱拉最后一次在田地里干活的时候，一个纳粹党的士兵跑了过来，冲她们喊道："你们这些没用的犹太人，都给我去那列火车里去，快去，在一个小时内报到！"

她们上了这列火车，车门"砰"一声关上了。那是一列怎样的火车啊！里面塞满了无辜的犹太人，没有食物，没有水，他们像一头头任人宰割的羔羊。火车一路跑到了奥斯维辛集中营，汉娜因为害怕，哭了起来。爱拉鼓励她："汉娜，不要哭！那些坏人最想看到的就是咱们害怕的样子，我们不能让他们把

咱们看扁，我们一定要比他们预想的更坚强，更勇敢！汉娜，拿出你的勇气来！"在爱拉的鼓励下，汉娜擦干了脸上的泪水，拿出她的勇气，勇敢地面对穷凶极恶的纳粹党。但是，像无数集中营里的犹太人一样，汉娜最终没有逃脱死亡的命运。

Ms 常啊 Ms 常，这本书，我反反复复读了好几遍呢！我觉得汉娜太了不起了！一个只有八九岁的孩子，就像我一样大，却能独自勇敢地去面对那些坏人，和汉娜相比，我实在太羞愧了！遇到一点点小困难，就哭鼻子，就大喊大叫，我可真不像个男子汉！我又想到咱们刚刚读完的《德国，一群老鼠的童话》，我明白了一个真理，那就是：虽然这个世上有那么一些个恶棍胡作非为，妄想让历史的车轮倒退，但他们最终是没有好下场的。

亲爱的 Ms 常，我还读了《希利尔讲艺术史》。我从这本书中得知帕台农神庙的柱式是多利克式，我还得知了古罗马竞技场的建筑中大量运用了多利克、爱奥尼亚、科林斯和混合柱式。除了这些外，我还知道了装饰有十四大类，最好看的是波浪式和滚曲式。权威吧？我真的像 Ms 常说的那样把一本本书吻醒了！

我妈妈也在啃书，在我去训练营的时候，妈妈废寝忘食地阅读，仿佛书就是她的粮食。平常，我妈妈也会在夜深人静的时候，拿起一本书，如痴如醉地阅读，因为妈妈有失眠症，所以一睡不着就会抱出一堆书来看，最后，妈妈就抱着这些书睡着了！

Ms 常，这一次考试，我可是考砸了！语文考了95分，数学的分数还没有出来。语文因为一个比喻句写错了，还有两道题空着，再就是两个标点符号加错了。我得到了一个教训，就是下一次考试的时候，不会做的题也一定要写上，胡诌上也行，反正不能空着不填。还有，我觉得考试前最重要的事情，是在复习课本的时候一定要记住那些内容，千万别忘！要是我能做到这几点，我的考试就是双百了！

亲爱的 Ms 常，您就放心吧，您走了，我一定能做一个全新的王文翰，我一定会改变自我，向卓越前进！

您的外甥：王文翰

2011 年 11 月 6 日

PS：我这封信写了 1500 字，很厉害吧？

常老师点评：

　　王文翰这封信，的确让我对他刮目相看。1500字，课堂上写了一半，回家后又写了一半。很多人会不相信：这对三年级的孩子来说，何以成为可能？在这个过程中，他妈妈功不可没。我知道，每一封回信，他妈妈总会和他一起讨论怎么写，一起梳理文章的结构。王文翰阅读量大，用词造句本就很成熟，再有妈妈的引导，更是如鱼得水了。一个孩子在写作起步的道路上，能有父母手把手地指导，起点自然就高了。何况，翰妈妈的文字功底也是相当了得！当然，把信写得长一些，多挣一些班币，也是他很大的动力。这封信，他就挣了 100 元呢！从这封信之后，他每封信都保持在千字以上。

周锴扬写给 Ms 常的回信

亲爱的 Ms 常：

　　您好！

　　您在墨尔本还好吧？您的手腕好些了吧？

　　您在来信里提到的关于时差的那个问题，可难不倒我们这些聪明的小蚂蚁。因为地球分为东、西两个半球，而每个半球各有12个时区，合起来一共24个时区，跟咱们每天的24个小时正好重合，所以咱们现在才会有3个小时的时差。您说，我说的对吗？

　　我想，如果我们小蚂蚁班的孩子在机场，一定会捧着一本书在读，因为对我们来说，阅读已经像呼吸一样自然了。就说这一周吧，我看了很多书，最喜欢的一本是《最可怕的动物》。"黑寡妇"蜘蛛就是最可怕的动物之一。因为它的毒液比响尾蛇的毒液还要强15倍，而且比黄金还要珍贵千百倍。你别看它个头小，它却能在瞬间置人于死地呢。您说，它是不是很可怕啊？

　　对了，更可怕的还有箱水母呢。它的触须上长满了毒针，当它攻击猎物的时候，它就会把毒针插入对方体内，并释放毒汁。如果人被它蜇到的话，两分钟内，就会因器官功能衰竭而

立刻死亡，连抢救的机会都没有呢。听到这儿，您是不是也很害怕啊？

我在读这本书的时候，就经常吓得一动不敢动。您说，我这是不是就走向阅读的深处了呢？

对了，现在每天晚上睡觉之前，妈妈都给我讲《老鼠记者》，我听得可开心了。这套书讲了一个发生在《鼠民公报》编辑部的故事，很好玩哦。等您有时间也看一看吧。

亲爱的 Ms 常，您以后也不用担心我的字了。我现在每个星期天上午都到书法班练字呢。那个书法老师很好，他说我只要跟着他学上七八节课，我的字就能写得挺好了。想想真是让人开心啊！

怎么样，亲爱的Ms 常，听到这些好消息，您一定非常开心吧？真希望您能早日回来，看看我的变化，一定会让您大吃一惊的。

周锴扬

2011 年 11 月 6 日

常老师点评：

锴扬是二年级下学期转到小蚂蚁班的。不到一年的时间，我看到了他惊人的变化。刚到小蚂蚁班时，我简直不能相信，一个二年级的孩子，怎么会连字的基本笔画都无法掌握？一个二年级的孩子，怎么会在朗读的时候不能连词成句？更不用说一边读一边思考了！他和小蚂蚁班孩子们的差距，让锴扬妈妈一度后悔转学，锴扬也一度陷在对原来班级的怀念之中。但是，相信岁月，相信种子啊——因为足够丰富的课程，我们看到，锴扬已经如醉如痴地热爱着阅读，他也在努力地让自己的字漂亮起来。对一个孩子来说，在班级里的方向感和价值感是最重要的。我很骄傲，锴扬找到了这些感觉，也就找到了自己存在的意义——虽然，他自己并不能清晰地意识到。

2 5 5 4 0 0

写给小·蚂蚁们的第三封信

迷人之城墨尔本

常丽华

亲爱的小蚂蚁们：

你们好。

这封信，终于可以说说澳大利亚了。

看看世界地图，你会发现，澳大利亚位于南半球，是世界上唯一一个独占一个大陆的国家。用"地广人稀"来形容澳大利亚，最合适不过了：它的面积相当于五分之四个中国，人口却只有中国的六十一分之一。打个比方，你在澳大利亚开车，开出两里路，才能看到一个人！事实上，在人口密集的城市，人会比较多，但在郊区和牧场，开出几十里甚至上百里路，都看不到一个人！澳大利亚的西北部靠近赤道，特别热，是一片沙漠，那里的北领地只有土著人居住。澳大利亚东临太平洋，西邻印度洋，是一个让很多人向往的地方。

我们的第一站就是位于澳大利亚东南部的墨尔本，它是维多利亚州的首府（维多利亚州相当于山东省，墨尔本相当于济南），据说，在全世界最适合人类居住的城市中，墨尔本排第一——在墨尔本两天的时间，我们也欣赏到了这座城市的迷人之处。

墨尔本是一个绿色之城。在这里，四分之一的土地是公园和绿地——不可想象吧？11月，正是澳大利亚的春夏之交，所到之处，满眼绿色。草地就像一张张崭新的绿色毯子，铺在公园里、街道上，人们随意地坐在上面看书、晒太阳。很多年轻的妈

妈推着婴儿车来到草地上，享受着绿草阳光（我身后，就是两个年轻的妈妈在照看婴儿）。公园的草地上，成群的鸽子会伴你左右；湖水里天鹅在嬉戏；各种鱼儿也欢快地游来游去。在这里，人和自然是融为一体的。看着看着，我就觉得心痛起来，我们真的离大自然太远了！我们所在的金茵小区为了建停车场，那么多的草地，一夜之间就被砖块代替了。但是，即使我们身边的草地越来越少，我们的心灵也应该永远向着大自然敞开。所以，亲爱的小蚂蚁们，每个周末，一定要拿出一天的时间来，爬爬山，去更顺畅地呼吸，去和大自然进行更亲密的接触。否则啊，你的心灵，就会太逼仄了！读万卷书，行万里路啊！

在这座绿色之城里，同样触动我的是树木。各种各样的树木都长得葱葱茏茏，有的叶子是翠绿的，有的叶子是墨绿的，一转身，突然又看到了鲜绿的叶子。我从没看过那样绿的叶子！明晃晃的，又显得娇嫩无比，仿佛刚出生的婴儿；每一片叶子上，似乎都有一个新的生命在颤动！你们知道吗，和中国的树木不一样的是，这里所有的树木都没有经过修剪，完全以各自本来的样子生长着，有的树木顶端会突然又斜生出一根树枝，骄傲地独自往上生长；有的盘根错节，向路人展示它的独特；还有的树干已经歪了，但生命力仍旧极其旺盛。那些几十年甚至上百年的树木，也随处可见，它们自己形成一片绿荫，让每天从这里经过的人，都愿意停下来，听它诉说它的故事。这张照片上的大橡树，是我最喜欢的。还记得我们二年级每天晨诵时读的那首诗吗——

我像一棵老橡树，

高高地站立，

我伸展开去触摸星星。

我想拥抱这个世界，

我们是一家人。

你好，早晨。

你好，早晨。

为金色的谷类，树上的苹果；

为金色的奶油，茶中的蜂蜜；

为水果、坚果和鲜花，生长不息；

为鸟儿、兽们和鲜花，我们每天感激。

　　站成一棵树，站成一棵有生命的树，拥抱世界，感谢世界赐予我们的一切——亲爱的小蚂蚁们，你能感受到树的力量吗？那棵树，在你心里扎根了吗？

　　墨尔本是一座绿色之城，也是一座文化之城。墨尔本这几天正好在举行赛马会，大街上可以看到不少盛装打扮的年轻姑娘，她们的礼帽上或者头发上都插着鲜花，漂漂亮亮地去看赛马——你不会觉得她们有什么特别，只是觉得美丽。可以想象，这些美丽的女孩子将为赛马会增添多少色彩！这是一个非常重视礼仪的国家，看赛马或者看演出，女士都要穿礼服，男士都是穿西服打领带——这是一个国家的文化。墨尔本的大街上，还有两样东西吸引了我。一个是有轨电车——电车不奇特，奇特的是，墨尔本的电车从来不被淘汰，100多年前制造的第一辆电车如今还在使用呢！我们很幸运地看到了这辆电车，它的确够老式，但也够味道——坐在这辆电车上，会不会恍惚之间就回到了100多年以前呢？所以，在墨尔本的大街上，你能看到第一代、第二代、第三代……一直到最新的电车，这就是岁月的痕迹啊！当我们不断地把旧的东西抛掉，一味地追求新鲜时，生命的根也就丢掉了。等你们到五年级，就要读孔子的《论语》，去寻找中国2000多年前的根。墨尔本的历史不过才100多年，可是这100多年，如此清晰地刻写在这个城市的每个角落里，这就是文化啊！第二样吸引我的是美术馆。在墨尔本，美术馆、图书馆都是对外开放的，人们能自由出入。导游说，墨尔本的艺术长廊和展览场有 100 个以上，经常举行歌剧演出、芭蕾演出、雕塑展览等文艺活动。墨尔本每年都会举行国际艺术节，那是墨尔本人最骄傲的艺术盛宴。我们去参观的是维多利亚州国立美术馆，很漂亮，在那里能看到很多世界名画。莫奈的风景画就有四幅，他对色彩的感觉很敏锐，他画的无论是大海，还是阳光下的湖水，都能令人感受到海浪和阳光的力量。

我们看了一个小时，只看了一半还不到的油画。整个美术馆很安静，所有人在观赏油画的时候，都能很自觉地和画保

持一定距离——文化的气息，无所不在。站在我旁边的是我们的翻译，她正在轻声给我讲这幅画。我想起那次我们去看电影《鸡妈鸭仔》，你们真的太吵了，一进剧场就说话，观看的过程中也在不断说话，这实在让人很不愉快。亲爱的小蚂蚁啊，让自己成为一个有修养的人，这个城市，才会因为你而更有文化气息啊！

PS: 喜欢这两张照片吗？先看左面的那张，前面是墨尔本的母亲河亚拉河，这两个年轻人正在用面包喂鸽子，鸽子们在他们面前排着队，就像朋友似的。那些胆子稍微大一点的鸽子，就在他们的头顶盘旋，等着他们扔出面包。如果是你，你会像对待朋友一样对待这些鸽子吗？右面那张，好多人在野餐，鸽子凑

在那儿，等着和人分享食物。这里的鸽子，是不怕人的，因为没有任何一个人会伤害它们。人与大自然的和谐，是我们在墨尔本最深的感受。

明天的信里，我会详细给你们介绍一下我在企鹅岛看到的情景。

你们看到这封信的时候，就已经是周一了。祝你们度过丰富充实的一周哦！

常丽华

2011 年 11 月 5 日星期六

王馨逸写给 MS 常的回信

亲爱的 MS 常：

您好。

看了您的信，我好想去澳大利亚啊，看看这个文明的国家，闻闻那里花儿的芬芳，听听那些鸟儿的歌唱，享受一下躺在绿草地上的感觉。躺够了，可以在草地上打几个滚，翻几个跟头，高声唱一首《向着明亮那方》。如果在草地上弹钢琴的话，肯定是一种享受吧？嗯，还是吹长笛吧，那悠扬的笛声会传得很远很远，笛声也会引来很多鸽子吧？鸽子一定会围在我身边，给我伴舞。我会拿着面包喂它们。

真是遗憾，亲爱的 Ms 常，您不会吹长笛，如果您会吹的话，就能享受我描述的情景了。您告诉我们要热爱艺术，您是不是也要学一门乐器呢？这样，等到我们小蚂蚁班的交响乐团成立的时候，您也能和我们一起演出了。

今天晚上，爸爸和我一起从地图上找到了澳大利亚。"啊，它在地图上好大啊！"我大叫道。"你看，澳大利亚四周沿海，简直就是从大海中升起来的一个陆地，中间是沙漠，城市都建在海边，所以风景很美。"爸爸还告诉我，澳大利亚物产丰富，有很多珍稀动物，比如袋鼠、考拉……考拉是澳大利亚的国宝，我就有一个考拉的玩具呢。

Ms 常，我再告诉您一件好玩的事。这次我是财富榜的第二名，工资是650元。第一名是薛雅琪，660元。我和薛雅琪就差了10元钱。更好玩的是，张梓琨想当第二名的，可是被我抢了去，她是630元。还有一次，张梓琨本想抢第一的，可是又被我抢了去——那次我是510元，她是500元，还是差了10元。张梓琨开玩笑地和我说："我恨死你了，总让我跟在你屁股后面。"

好玩吧？

我会更加努力，保持住自己财富榜前两名的位置！

想念您的王馨迤

2011 年 11 月 7 日

常老师点评：

　　馨迤的确有诗人的情思。她的钢琴过了五级，长笛也已经吹得像模像样，艺术上的修养，会让一个孩子更有灵气。她给了我一个大大的难题：我能像雷夫那样，和孩子们一起沉浸到未来小蚂蚁班的交响乐团里吗？

王思远写给 Ms 常的回信

亲爱的 Ms 常：

　　您好！

　　收到您的信，我非常高兴。今天，我在回家的路上，发现银杏树的叶子都金黄金黄的，最漂亮的是风一吹，银杏树的叶子就哗哗地落到地上。看到这个情景，忽然想到金子美玲的《祇园社》这首诗：

　　　　沙拉沙拉

　　　　松叶落下

　　　　神社的秋天

　　　　真寂寞啊

　　　　西洋镜小屋的歌声啊

　　　　煤气灯啊

　　　　系着红绳的

　　　　桂皮啊

　　　　现在只剩下

　　　　破旧的冰店

秋风吹过

哗啦哗啦

亲爱的 Ms 常，您不觉得，这首诗最配这个景色吗？

您说墨尔本是一个绿色之城，我真是羡慕啊！看看我们这里，污染那么严重，连彩虹的一半也看不见了！可是，只要我们热爱大自然，就能处处看到自然的美好，就像我看到落叶就想起金子美玲的诗一样，您说呢？

Ms 常，我昨天去爬玲珑山，钻了好几个山洞才到山顶。我看见许多星星点点的小花，在干草中跟我玩捉迷藏呢！我好不容易才把它们找到，就编出了一首诗：

这朵花

像天上闪烁的

星星

那朵花

像女王艳丽的

衣裙

这朵

那朵

许许多多的花

我叫不出它的名字

可是

我喜欢

给喜欢的花

起我喜欢的名字

星星花

女王花

……

就这样

我有了一朵朵

自己的花

Ms常，这首诗，是不是也很金子美玲啊？

虽然我们这里不像澳大利亚那么美，但我们热爱大自然的心，不比澳大利亚人差吧？

这段时间啊，小蚂蚁们表现得特别好。尤其是我和王文翰，每天都不迟到了。王文翰也比以前好多了，不再欺负小女孩，反而保护女孩子，像个真正的男子汉了！我上幼儿园的时候经常有人欺负我，要是那时候王文翰在的话该多好啊，他会把欺负我的人打得落花流水的！

Ms常，我再向您汇报一下我的家庭生活情况吧。在家里，妈妈说我表现得非常好。因为，我不会再为一件小事就对妈妈发脾气了。而且，我写作业的效率也提高了，做数学题也不再粗心了。我们的家庭不像以前那样糟糕，每一个人都有一颗善良、美丽的心。

Ms 常啊，我想您想得晚上做噩梦了！呜……呜……

　　　　　　　　　　　　　爱您的王思远

　　　　　　　　　　　　　2011年11月7日

常老师点评：

　　思远，这个"有味儿"的公主啊！她的文字极富灵性，对大自然也极其敏感。她的小诗，"很金子美玲"——这个词用得真好。就像二年级的世博课程，当我们来到世博园的德国馆，就用"很德国"来形容德国制造。她和王文翰就像一对小冤家，从一年级吵到现在，仍然战争不断，却也因此结下了最纯真的友情。"我们的家庭不像以前那样糟糕"——以前什么样子？以前爸爸玩游戏，妈妈看韩剧。现在呢？现在全家人都在阅读啦！思远爸爸曾说，思远上学两年多，他读了前三十年里没有读的书。老师要不断地对家长发出召唤：书香家庭，亲子阅读，共同成长……

李韶丝写给 Ms 常的回信

亲爱的 Ms 常：

您好！

刚刚看到您描述的澳大利亚的自然环境那么好，我真羡慕在澳大利亚生活的人们，也为我们周围的自然环境感到难过。

说到环境，我就会想起空气。在我们周围，只要向前方望去，汽车尾气、工厂的烟雾，就像手掌一样压在我们的头顶，甚至有时候连呼吸也不那么顺畅，更不用说清冽的山泉和芳香的花朵了。可是，附近山里的空气却不一样。周末爸爸妈妈和我经常去爬山，山里的天更蓝，有泉水，有鸟鸣，有花草，有绿树。我多么希望周围都是这样的环境啊！

但是，我们的眼里，还是能看到很多美好的。

还记得霜降那天您带我们去观察吗？

我们观察了桃树，桃树的叶宝宝们虽然离开了妈妈，但还是穿着绿衣服。大树妈妈跟树叶说："孩子，你们还是穿着美丽的绿衣服吧，可别把它弄脏了呀！"可宝宝还是宝宝，不一会就把衣服弄得白花花的了。

不只是桃树有趣，柿子树也很有趣。呀，校园里红红的是什么？是熟了的柿子啊，有一点让人眼馋的，黑黑的红。有人高声喊："想摸柿子的在这边排队！"呀，看来我们都很喜欢吃柿子呀。我忽然对柿子产生了兴趣，为什么柿子树上的叶子都快落光了，可柿子一个也没掉呢？您告诉我，大概是柿子树为了度过寒冷的季节，把营养让给柿子，而让叶子早早落下吧。这是植物进化的结果。哦，原来是这样，可惜我们也不能吃一口。

柿子树，比不过石榴树。你瞧，阳光下，一棵棵石榴树像摇钱树一样，满树挂着"金币"，有些树还穿着绿衣不肯脱呢。啊，原来太阳公公照着的就变成摇钱树了呀。我刚刚还听见蝴蝶说："呀，你的金色比我还美！"我承认，我也有点羡慕她的金发。

美丽的绿色衣裤，男孩子也会喜欢。让人眼馋的柿子，小鸟也会啄一口。漂亮的金色枝叶，连蝴蝶也会嫉妒。

——这是一个迷人的童话之城。

亲爱的 ms 常，您经常说，生活中不是缺少美，而是缺少发现美的眼睛。我们的思维课，就给了我们这样一双眼睛。

还有，ms 常，谢尔的诗真是好极了。那些微弱的光，就是希望，就是每一只小蚂蚁永恒的目标！我也给 ms 常写了诗：

阁楼上的光
——改谢尔诗送 ms 常

阁楼上孤灯一盏，

黑色的夜空里,

漆黑一片.

从阁楼里透出光亮,

从亮晶晶的玻璃上,

透出光亮,

那是我们的光亮.

Ms 常,

您是灯,

我们是光.

因为有您,

我们才会发光。

因为有我们，

您才更加神采飞扬！

我们啜饮露水的琼浆，聆听鸟儿的歌

唱，我们是为看到光明！

Ms 常，我太想您了，您快回来吧！

祝亲爱的 Ms 常快乐！

想念您的李韶丛

2011 年 11 月 7 日

常老师点评：

韶丛，一个灵气十足的女孩。她的文字，有着特别的味道：干净，空灵，跳跃。一个三年级的孩子，就能对文字有异乎寻常的捕捉能力，让我非常惊异。这得益于她的阅读，得益于她妈妈日不间断的睡前故事，也得益于每个周末他们全家的爬山运动。大自然，的确启迪着她的灵性，让她整个人的气质都不一样了。

2 5 5 4 0 0

写给小·蚂蚁们的第四封信

天使企鹅

常丽华

亲爱的小·蚂蚁们：

你们好。

今天上午我们去看了圣保罗教堂和库克船长的小屋。对教堂，我没有什么感觉，但在库克船长的小屋面前，我却浮想联翩。200多年前，英国的航海探险家库克船长率领20名水手，驾驶着Endeavour号木制帆船，航行几万海里后登上了这片大陆。他利用上岸修船的机会，考察了当地的地理、气候和动植物情况，认为这个地方适合人类生存，所以他就将整个大陆的东海岸宣布为英国的领土，并命名为"新南威尔士"——后人就把库克船长誉为澳大利亚的建国者。1934年，当墨尔本建市100周年大庆时，澳大利亚一位知名的实业家，出资800英镑，将库克船长在英国的故居买下，作为礼物送给墨尔本市民。后来这座故居被一块块拆下来，装在253个箱子里，由英国海运到墨尔本，照原样进行组建——这真是一件了不起的事情。库克船长的这座铜像，就在小屋一侧。他目光炯炯，遥望着远方，不知道在想什么。他会知道，他最初的发现，成就了一个了不起的移民国家吗？库克船长的小屋坐落在墨尔本五大花园之一的Fitzroy Garden内，这里绿树葱葱，鸟语花香，到处是高大的桉树和小叶榕树。导游介绍说，如果有机会搭乘飞机在空中俯瞰这个花园，会发现这个花园内的林荫小路是一幅巨大的英国米字国旗的图

案！因为澳大利亚是英联邦成员国，你们看澳大利亚的国旗，左上角就是英国国旗图案，表明了澳大利亚与英国的关系。那么，你知道那颗最大的七角星和旁边的五颗小星分别代表什么吗？

　　下午，开车两个小时，我们到了菲利普岛（又叫"企鹅岛"），观赏企鹅归巢。一说到企鹅，你们眼前是不是马上就能浮现出企鹅摇摇摆摆的样子？根据体型大小不同，企鹅主要分为南极帝王企鹅（1.60 米），南非皇帝企鹅（1.30 米）和澳大利亚神仙小企鹅（0.35 米）。菲利普岛的小企鹅体重 1 公斤左右，寿命约10 年。我们到的时候比较早，就在观景台上坐着等。沙滩上有很多海鸥，在我们头顶盘旋着。我们前面坐着几个年轻人，其中一个女孩子在吃汉堡，一只海鸥一下子俯冲下来，从她的手中啄了一口面包，那个姑娘吓了一跳，干脆就把汉堡高高举起来，让更多的海鸥来吃。哇，真是壮观啊，成群的海鸥围过来，你啄一口，我啄一口，一起分享这美味的食物。

　　人与动物的和谐，让人动容不已。

　　人越来越多，风很大，天也越来越冷，但大家都很安静，耐心地等待着。有一对澳大利亚老夫妇，妻子把自己裹在厚厚的毛毯中，丈夫坐在妻子旁边，握着她的手，还时不时给她裹裹毯子——看着他们，我心里就觉得温暖起来。我旁边有一个年轻的母亲，把只有几个月大的婴儿抱在怀里，婴儿的脚露在外面，粉嘟嘟的小脸和小手，非常可爱。这么小的孩子能看懂什么？但老外就是喜欢带着孩子亲近大自然，尤其是这样难得的机会，他们是不会把孩子放在家里的。

　　天色慢慢暗下来，随着海浪的翻涌，我们发现了几个小黑点，海浪退下去时，人们低低地惊呼起来："快看，小企鹅！"果然，有三只小企鹅出现在我们的视线中，它们摇摇摆摆地走到沙滩上，仿佛在庆祝一天满满的收获，那神气的样子啊，真像"企鹅芭蕾舞"！奇怪的是，不一会儿它们又转过身，仿佛冲着大海说了句什么，然后就退回到大海中。当海浪再一次退下去时，有六只小企鹅出现了。和刚才的三只小企鹅一样，它们排成一队，跳芭蕾舞，然后又退回到大海中。当它们再一次出现的时候，就是十只了！就这样，一次又一次，直到聚集起几十只小企鹅，它们才排起整齐的队伍，一起往家走。真是奇妙啊，就好像有人

在指挥一样，它们的队伍一点都不乱。你们知道吗，每天日出之前，企鹅会成群结队一起出海觅食，平均一天在大海中畅游50～80海里，小小企鹅游泳的速度比世界游泳冠军还要快呢！企鹅的食物主要是沙丁鱼。每当夜幕降临时，数以千计的企鹅结束了一天的"劳作"，就从大海中登岸回巢了——辛苦地劳作，才能诗意地栖居在大地上啊。

导游告诉我们，一看到企鹅出现，就要往回走，这样能更近距离地观察企鹅。果然，在我们来时的栈道下面，全是回家的小企鹅。它们排着队在灌木中穿行，还不时地高声鸣叫，仿佛在告诉家人自己已经平安回来了。小企鹅生活非常规律，按时出发，

按时回家。但是，这个"但是"很糟糕，今天回家的小企鹅，也
许第二天出海后就回不来了，因为捕食的路途遥远又险恶，很可
能哪一只出去了就再也回不来了——那些在家等待的小企鹅，该
是多么伤心啊！看着这些归巢的企鹅，我的敬佩之心油然而生。
多了不起啊，面对波涛汹涌的大海，它们没有丝毫的畏惧，日出
而作，日落而息，一天的拼搏，既是为了自己的家人，又何尝不
是让自己的生命更有意义呢？人类看来的辛苦，在它们眼中，也
许是无限的诗意呢。在大海中，有不可回避的危险，但也有不同
寻常的挑战和考验。更何况，每一天的大海都是不一样的，它们
在大海中的生活，也一定充满了魅力吧。

继续往回走，我们又看到了在巢中等待的小企鹅。它们的家，就在灌木丛中，有的是自己建造的，有的是工人帮它们建造的——无论大小，只要亲人在，家就是温暖的。这些企鹅站在家门口，翘首以盼，它们心里一定在默默地保佑亲人的平安吧？而到了明天，要出海的就是它们了。

这就是"神仙小企鹅"，如天使一般，企鹅爸爸和妈妈轮流出海捕鱼，照顾自己的家人，也让自己在风风雨雨中坚强起来。

你们呢？有没有勇气面对生活的各种考验，让自己也越来越坚强？

知道你们都在挑战如何把回信写好，这也是一种勇气啊！

亲爱的小蚂蚁们，加油！

常丽华

2011 年 11 月 6 日星期日

丁子轩写给 MS 常的回信

亲爱的 MS 常：

收到您的来信，我恨不得马上坐上飞机，去澳大利亚的企鹅岛。想想就觉得向往，你坐在岩石上，聆听着大海歌唱。忽然，一只小小的企鹅从大海中出现了，给你献上一段优美的舞蹈，然后回到大海，让它的同伴和它一起来跳舞，接着就摇摇摆摆地回到巢里。想想吧，那是多么诗情画意，多么美妙啊！我多想去看看啊！但是，我没那么多钱。要是我是Ms常，那早就去了。

昨天，我们在科学课上做了许多关于电和磁的实验。从这些实验中我知道了电有正电和负电，磁有南极和北极。它们都是同性相斥，异性相吸。我最喜欢的一个实验是"胡椒粉和盐如何分离"。是这样做的：把一些盐和一些胡椒粉混在一起，用毛巾摩擦勺子（塑料的），再把勺子放在佐料堆上面，胡椒粉就会被吸上来。虽然这个实验我做成功了，但也经历了困难。一开始，我用一块很滑的抹布擦勺子，可胡椒粉怎么也不上来。我想了一会，才恍然大悟：滑的东西和滑的东西产生不了电，滑的东西和粗糙的东西才能产生电。所以，我拿了一块粗糙的抹布去摩擦勺子，果真成功了！当时，我高兴得简直无法形容！这时，老师问了我一个问题："为什么胡椒粉会被吸上来呢？"我傻眼了，想了老半天，也没想出来。看了书我才知道，原来，有电的东西和没电的东西会相吸，因为胡椒粉轻，所以就先被吸起来了。如果勺子再低一点，盐也会被吸上来。这个实验不仅让我知道了一些科学知识，还让我懂得了：这么一个小实验都有困难，那要成为像牛顿那样的人，需要经历多少风风雨雨啊！所以，我们要多加学习。

Ms常，再告诉您一件事情，今天的英语课是我来主持的。在还没开始的时候，我的心怦怦跳个不停，竟然以每秒15下的速度狂跳。但是，在主持的时候，我却忘了紧张。

Ms常，下面的事情，您一定非常想知道。上个星期天，我妈妈的班里也举行了跳蚤市场。那些孩子卖的都是玩具。我向妈妈借了110块钱，去买东西。我一看，哇！一辆汽车才50元，两个陀螺才50元。于是，我就把这两样都买了下来。反正手里有钱就得花。要知道，这是我从妈妈手里借来的呀，不花完不就亏了吗？剩下的10元，我又买了一把尺子。我发现，一年级的小孩子不会算钱，该贵的都卖贱了。他们的跳蚤市场还有一个特点，就是人太多了，挤得连走路都走不动。

Ms常，这几天，我们在读谢尔的诗。大家都发现谢尔的诗有一个特点，前面都在进行叙述，最后会出现一个意想不到的结尾，它会让你会心一笑。

Ms常，您快回来吧。我好怀念我们在一起的每一天、每一分、每一秒啊！跟您在一起的日子里，我是幸福的、快乐的、开心的。

爱您的丁子轩

2011 年 11 月 8 日

　　附：Ms 常，这几天 Ms 曹不像以前那么凶了。现在 Ms 曹对我们可好了。

常老师点评：

　　丁子轩的这张照片，来自于二年级下学期小蚂蚁

班童话剧《木偶奇遇记》的演出，他在里面扮演了那个马戏团的坏蛋老板，演得惟妙惟肖，精彩极了。他的阅读面极广，对科学尤其热爱。一年级寒假时，我把女儿的两套科学书借给他，他就全部读完了。

"我多想去看看啊！但是，我没那么多钱。要是我是 Ms 常，那早就去了。"读到这样的话，真让人忍俊不禁，所以我们就会看到，他参加妈妈（我的同事）班里的拍卖会，就会有多少钱花多少钱。在小蚂蚁班的拍卖会上，丁子轩对"钱"的态度同样如此，不刻意存钱，每次都能买到很多物超所值的东西。王文翰对班币的态度，则是一分不花，只卖不买。生命如此不同，这是多么有趣的事啊。

杨艺佳写给 Ms 常的回信

亲爱的 Ms 常：

您好。

读了您的信，我又收获了一份快乐。我太喜欢神仙小·企鹅了，它那摇摇摆摆的样子，真是太可爱了！读着读着，我感觉好像神仙小·企鹅就在我们身边一样。我喜欢的小动物也有很多很多，比如小兔子，它那柔软又暖和的绒毛，还有长长的、尖尖的耳朵，真是可爱极了。我还喜欢小狗，我姨姥姥家有一只非常可爱的小狗，每次去姨姥姥家，我都会带一些火腿去喂它。我一到大门口，小狗就汪汪地叫起来，好像在说："你又来了，这回我又能大饱口福了！"嘻嘻，一进门，我就向小狗跑去，它会先给我鞠躬，再打个滚，然后再来吃火腿。它吃完后，我会抚摸它，和它一起玩游戏……

亲爱的Ms常啊，我告诉您，我有一双独一无二的耳朵。上幼儿园时，我发现了一个秘密：人笑时，耳朵就会向上动，平常表情时，耳朵就会下垂。就这样，我的耳朵会动了！

春天来了，我的耳朵能听见。春姐姐在呼唤小精灵们的声音，花儿开放的声音，小草在结种子的声音……我最喜欢聆听的，就数小鸟在天空鸣叫的声音了。小鸟在叽叽喳喳地叫着，我听着小鸟鸣叫的声音，就好像我也在天空飞翔一样，那感觉可爽了！

夏天来了，我的耳朵能听见。夏哥哥在给人们带来清爽，小溪在哗啦啦地流淌，荷花姑娘在和荷叶王子交谈……当然我最喜欢听的，就是知了在树枝音乐厅演唱悦耳的歌曲，听着"吱吱吱……"的声音，我忍不住问：吱吱声是从哪儿来的？通过读不同的书，我知道了，声音是从"发声肌"中传

来的。

　　秋天来了，我的耳朵能听见。秋婆婆在让小叶子离开大树妈妈的怀抱，去外面的世界闯一闯……最难听的就是那汽车的声音，晚上，汽车"嘟嘟嘟……"地叫，让人听着心里就烦，那还怎么睡呀！

　　冬天来了，我也能听见许许多多奇妙的声音。比如，冬爷爷在吹冷风，沙漏在漏沙子……好听的声音在哪里？找啊找，找啊找，可冬天就是没有好听的声音。

　　怎么样？我的耳朵很灵吧！

　　一年四季，春夏秋冬，声音都在我的耳朵里，服了吧！

真想让您早点回来——带着我们的耳朵，继续我们的旅行！

杨艺佳

2011 年 11 月 8 日

常老师点评：

艺佳是三年级才转到小蚂蚁班的。不过就是两个月之前啊！三年级开学的第一天，我们给张宏燊讲生日故事，读生日诗，按照惯例，每个人都要给过生日的同学写一份生日祝福，以诗歌的形式——那就是当天晚上的作业。艺佳急哭了："怎么写啊？我从来没写过诗！"那天晚上，她在妈妈的帮助下写了几行。第二天，作业是读书，她乐了："哎哟，小蚂蚁班的作业真独特！"第一周的周末作业，是一篇写绘日记，她又哭了："怎么写日记啊？妈妈快来帮忙！"……但是，九月份的《胡桃夹子》之旅，十月份的《德国，一群老鼠的童话》之旅，让本就喜欢读书的艺佳，不知不觉间爱上了语文。而三年级的写作训练从中心句、过渡句以及总分总等各种变式的文章结构入手，有章可循，也让艺佳不再憷头写作。一个月之后，当艺佳快快乐乐写日记时，妈妈不由惊呼："这还是那个一个月前哭着要妈妈帮忙的丫头吗？"而当我写这一点评的时候，这个学期已经结束了。我们从三年级冬至那天，开始了"在农历的天空下"的古诗词之旅。"梅花三弄"是这个冬天的一个课程。"梅花一弄"结束时，我让孩子们当堂写下《曾为梅花醉似泥》的文章，一节课，艺佳洋洋洒洒写下了600多字的文章，语言流畅，结构清晰，是最精彩的一篇。不过就是四个月啊，这个孩子生命的丰富，让所有人都惊叹不已！而她这时候的写作，已经不允许妈妈修改一个字了。

附：

曾为梅花醉似泥
——梅花一弄之旅

杨艺佳

冬至之后，我们开始了梅花诗词之旅。

啊，你看，那早早开放的梅花就像是一个衣着华丽的仙女，身上缀满了白色的珍珠，翩翩来到了人间——不知春色早，疑是弄珠人。

　　风递幽香出，禽窥素艳来。小鸟被她的美震撼了，偷偷地欣赏着她的容颜；冬天寒冷的风，也突然变得温柔起来，轻轻吹过，芳香四溢啊！

　　世人谁不爱梅呢？她是那样高洁，那样美丽！陆游爱梅，又爱到了什么程度？

　　"何方可化身千亿，一树梅前一放翁。"你看，梅花开满山野，就像雪一样。陆游想让自己变成千亿个，一朵梅前就有一个陆游，好去欣赏所有梅花。梅花前面站着的，都是陆游吗？不，不，不止是陆游，而是每一个爱梅的人！

　　"曾为梅花醉似泥"啊！他在一个偶然的时间，又骑着马去赏梅。从青羊宫到浣花溪，二十里路的地方，到处都是梅花，他就醉得像泥一样了。

陆游写梅花，就是写他自己。他希望自己像梅花那样坚强，在严寒的季节里，仍然绽放出生命的花朵。他想把坏人打败，收复中原，可自己能力不够，只好写诗来表达自己的心情。

曾为梅花醉似泥。我也有这样的经历，在写故事的时候，我就沉浸在故事中，仿佛里面的人物都活过来了，我和他们一起笑，一起哭——那样的时刻，曾为梅花醉似泥。

曾为梅花醉似泥。当我阅读的时候，时间就飞逝而过，8点钟，9点钟，10点钟……我不觉得累，也不觉得困。每一个故事里，我都能读到一段自我——那样的时刻，曾为梅花醉似泥。

我爸爸买了一盆腊梅，放到了教室里。那香气啊，真是扑鼻而来！无论什么时候走进教室，都能闻到梅花的清香。看着腊梅，读着梅花的诗词，真是别有一番滋味啊！

王馨逸写给 Ms 常的回信

亲爱的 Ms 常：

您好。

那些小企鹅好可爱啊！我真想到企鹅岛上去看看！如果在

圣诞节那天，冬爷爷能送我一对小·企鹅该有多好啊！

小·企鹅，小·企鹅……今天，我要写一个企鹅的故事——

在澳大利亚的菲利普岛上，生活着一群群快乐的小·企鹅，他们每天轮流出去捕鱼，虽然很辛苦，但都诗意地栖居在大地上。

有一位头戴粉色蝴蝶结的女士，叫桃乐丝，她很爱美，每天轮到她出海前，她都要以海为镜，照照自己美丽的样子。但是，她极其傲慢，又自私得很。

桃乐丝有一位身穿燕尾服的邻居，叫凯迪。他很喜欢桃乐丝，总是和桃乐丝一起出海，或者一起在家中等着爸爸妈妈归来。有一天傍晚，他俩都站在门前，翘首以盼亲人回家。看着

慢慢落下去的夕阳，凯迪对桃乐丝说："我很喜欢你，就像喜欢大海和太阳。"桃乐丝却毫不客气地说："哼，我才不喜欢你呢！你离我远点！"凯迪碰了一鼻子灰，难过地一摇一摆地走开了。

但是，凯迪并没有放弃，他一次又一次地向桃乐丝说"我喜欢你"，可桃乐丝总是一点也不在乎。凯迪几乎每天都要向桃乐丝的洞里偷看，却每次都被桃乐丝发现——每当这时候，桃乐丝就使劲一关门，让凯迪一次又一次地伤心。

有一天，轮到他俩出海为家庭捕鱼了。阳光照在海面上，波光粼粼。桃乐丝和伙伴们一边往大海深处游，一边快乐地寻找着小鱼。突然，一条大金枪鱼向桃乐丝张开了血盆大口！桃乐丝吓得瑟瑟发抖，伙伴们也吓得四散逃开，眼看桃乐丝就要被金枪鱼吃掉了——就在这千钧一发的时刻，凯迪出现了，他一把抓住桃乐丝的手，迅速往远处游去。金枪鱼紧追不舍，他俩就快游不动了，突然前面出现了一个大冰块，说时迟那时快，凯迪说了一声"跳"，两个人一下子就跳到了冰块上，迅速滑走了。

来到安全的地方，凯迪对惊魂未定的桃乐丝说："以后出海的时候要小心点。"

桃乐丝为自己以前的傲慢感到很羞愧，对凯迪说了一声"对不起"，两个人从此过上了幸福的生活。

亲爱的 Ms 常，如果圣诞节那天，桃乐丝和凯迪能被冬爷爷选中，来到我家里该多好啊！我从现在开始要向着星空许愿啦！

想念您的王馨迤

2011 年 11 月 9 日

常老师点评：

　　在馨迤写这篇童话之前，芷佳和韶从已经开始了她们的自编童话之旅。这些深深热爱着写作的孩子，已经在文字的世界里游刃有余了。一年之后，两年之后，这些孩子会书写出什么样的故事呢？真是让人期待啊。值得一提的是，圣诞节那天早上，馨迤真的得到了冬爷爷送给她的两只小企鹅——她故事中的桃乐丝和凯迪。小蚂蚁们从一年级开始，每个冬天都和冬爷爷在一起，因为他们出色的表现，每年冬至，冬爷爷都要从遥远的北极给小蚂蚁们送来香喷喷的水饺，而他们的愿望，也会在圣诞节那天成为现实（圣诞节只是一个符号，重要的是相信童话与美好）。在童年的浪漫期，因为相信，愿望的力量再一次刻写在每个孩子的生命里。

2 5 5 4 0 0

写给小·蚂蚁们的第五封信

初到阿德莱德

常丽华

亲爱的小蚂蚁们，亲爱的晓晓：

你们好。这些信，也是同时写给晓晓姐姐的，我很惦记她，希望她和我们一起踏上这段旅程。

今天是周一，早上坐飞机，一个小时的时间就从墨尔本飞到了阿德莱德，我们的学习活动就正式开始了。对小蚂蚁们来说，今天也是一个值得纪念的日子——11月7日，立冬日，冬爷爷来了！听说周末下了一场雨，今天一定很冷吧？节气就是这么奇妙，立冬了，冬爷爷一出现，我们的冬装就要穿上了。

但是，澳大利亚的阿德莱德，早晨的温度是十几度，中午的温度就到30度了，大街上的人们，都穿着短衫呢。不过，今天参加学习活动的男老师们，都穿着西装打着领带——这是我们领队的要求，所有公共场合，必须穿正装，因为我们代表的是中国人啊。和我们的夏天一样，会议室有空调，所以也就不觉得热了。

上午，我们在澳大利亚国际部听一些澳大利亚的专家和校长做讲座（当然有翻译哦，否则一点都听不懂）。有意思的是，第一位介绍的人就说，他刚从墨尔本回来，还是觉得阿德莱德是澳大利亚最适合居住的地方，因为这里绿化多，城市小，花费少——热爱自己的城市，为自己是这个城市的居民而骄傲，是澳大利亚人的特点吧。

我们呢？我们是否为自己是中国人而骄傲？是否热爱我们所

居住的城市？"城市，让生活更美好"，这是去年我们上海世博会的主题。如果我们的城市还没有让人们的生活更加美好，污染问题、安全问题还在困扰着我们，那就从我们开始吧，热爱它，保护它，让它一天比一天好。

一整天的报告听下来，对澳大利亚的教育有了一点了解，说给你们听听。

在澳大利亚，孩子若在 6 岁到 16 岁之间，父母必须保证孩子能在学校里读书，否则就是违法。

澳大利亚学生早上 9 点上课，下午 3 点放学（中午在学校吃饭，没有午休），在校时间 6 个小时，和我们差不多。

澳大利亚一学年有四个学期，前两个学期都是上十周课，放两周假。第三个学期上九周课，放六周假，因为这是夏天。最后一个学期也是上十周课，放两周假。这样算下来，他们的放假时间也和我们差不多。

澳大利亚学生也没有固定的课本，这和我们小蚂蚁班是一样的。

但是——

在澳大利亚，如果一个孩子犯了错误，受到的惩罚也是很严重的。先是被惩罚离开教室，严重的校长要找他谈话，再严重的要写检讨书并让家长签字，最严重的是回家反省三天。这并不像有些人想象的那样，国外的孩子都很自由。不过，这种惩罚措施远不及我们小蚂蚁班的经济制度哦！如果你违反了规则，就会被罚款——我不会把你关到教室外面，也不会请你的爸爸妈妈到学校。你的行为，你自己负责。如果你遵守规则，而且勤奋努力，就会不断赢得奖金。惩罚还是奖励，这一切，都是由你自己来决定的。

还有——

如果一个孩子学习落（là）下了，就要对他进行"特别教育"，由专门的老师来教。但这实在不是一个好办法。四年级，我们会读一本叫《特别的女生萨哈拉》的书。萨哈拉就是一个特别的女生，她学习成绩不好，最害怕的就是被进行"特别教育"，但她遇到了一个叫波迪的老师，于是她阅读和写作的热情一下子就被激发了出来。我很愿意做你们的波迪老师啊！

不过——

我要告诉晓晓姐姐的是，自己要做自己的波迪！你自己创作的小说，就藏在中国图书馆最后一层的角落里，而你，会成为这个城市最年轻的长篇小说创作者！（未必要成为一个作家，但能够通过文字来表达自己，是一件非常快乐的事情。我们总是要去寻找能让心灵达到极乐的事情，比如写作，比如弹钢琴，比如走近大自然。）

一天的报告，最让人感动的，是这位土著老师。土著人是澳大利亚这片土地上最早的居住者，他们皮肤很黑，大部分人生活都很贫苦，只有少部分土著人凭着努力为自己赢得了尊严。由于患有皮肤病，这位老师皮肤上的黑色渐渐褪去了。他首先向我们介绍了土著人在澳大利亚的分布地图——在澳大利亚的各个地方，都有土著人居住（大部分居住在北领地），他对自己民族的热爱，让我们为之动容。然后，他向我们介绍并演奏了土著人的一种乐器，这种乐器声音低沉，但变化多端，仿佛来自森林深处。因为音乐，我们都被他深深吸引住了——这就是美好事物的力量啊！小蚂蚁们和晓晓姐姐猜猜看：这种乐器是用什么做的？又是怎么做成的呢？

我会在下一封信里告诉你们答案的。

祝你们每天都开开心心哦！

常丽华

2011 年 11 月 7 日星期一

王文翰写给 Ms 常的回信

亲爱的 Ms 常：

您好！

先回答您信里提到的问题，我猜这个乐器是山笛，是用某种裸子植物做出来的吧？如果有一天我去澳大利亚，就会演奏钢琴和双排键，让他们也看看我们对音乐的热爱。

Ms 常，您总说要往阅读的深处走一走，我已经读完《科学的旅程》了，这可是一部宏伟的科学著作啊！书中宏观、微观应有尽有，从远古的人们迷信巫术、占星术等开始讲起，一直讲到崇尚电子技术的新世纪。每一个我熟悉的科学家在这本书里面都讲到了，比如爱因斯坦、牛顿、弗莱明、奥本海默等，当然，还有很多我不熟悉的科学家，像研究不相容原理的德国人泡利，研究粒子和波的法国人薛定谔等，简直太多了。读这本书之前，我觉得自己掌握的科学知识已经很多了，读完了我才发现，在科学的旅程上，我只不过是一只井底之蛙，我一定要想方设法从这个井里跳出来，那么，我就要阅读、阅读、再阅读！所以，我正准备读《物种起源》和《爱因斯坦的圣经》呢！

通过阅读，我知道了更多的知识。比如一棵松树会产出雄果和雌果，雄果把花粉粒子授给雌果中的胚珠，胚珠中立刻产生一到两个胚乳，花粉粒子会被胚乳所吸取，花粉粒子与胚珠结合变成胚和种子，最后，种子落到地里，就可以生根发芽，长成参天大树。

关于被子植物的知识，我也知道不少呢，跟您说一说吧！一朵花中有雌蕊和雄蕊，花会把花粉授给子房内的胚珠，胚珠内的胚乳与花粉粒子结合，变成胚，胚内的胚乳吸收花粉粒子的营养，会变得越来越大，最终，胚乳慢慢结果，果实内长满了种子。当种子落到地下，慢慢生根发芽、成长，然后就会开出花来了。ms常，我教您怎么区分被子植物和裸子植物吧！那些种子被果实包着的植物，就是被子植物，比如苹果、梨、桔子、山楂等。那些种子外面没有果实包裹的植物就是裸子植物了，比如松柏、铁树、银杏等。

亲爱的ms常，上个周末我又去太公湖拜访了我那些可爱的鸭子。您知道吗，我每个星期都要去看望我的小鸭子，它们

实在太棒了！今天已经很冷了，河面上有些地方已经结了冰，鸭子们仍然在水里游来游去。它们游泳的样子真是有趣极了！短短的尾巴翘着，两只脚掌像船桨一样，往前划啊，划啊，划出了一池的水波。鸭子们嘴里还唱着鸭子进行曲，歌词是这样的：嘎嘎嘎！嘎嘎嘎！我一看到它们，就呼啸着冲它们跑过去，岸上的鸭子立刻展翅高飞，像滑翔机一样俯冲到了水里。急得妈妈在后面追着我喊："翰，你不要吓唬鸭子！"这时，一阵"嘀嘀嘀"的喇叭声忽然从远处响了起来，奇怪的是，湖里的鸭子们纷纷上了岸，伸着长脖子，"嘎嘎嘎"地叫着。我和爸爸妈妈正纳闷呢，只见从对面开来了一辆白色的面包车，车上下来了两个叔叔，他们手里拖着个大袋子。鸭子们一看到这两个叔叔，就一阵风似的朝叔叔们跑了过去。哈哈，Ms 常，您猜到了吗？这两个叔叔是来给鸭子喂食的！经过和叔叔们的交谈，我才知道，原来叔叔们每次给鸭子喂食前都是先鸣汽车喇叭，时间长了，鸭子们就知道这是开饭前的信号啦！这时，我突然看到湖对面那红红的太阳直往下落，四周罩着一圈彩霞，我爸拿出相机，想拍下这美丽的风景，结果一切都晚了，一转眼，夕阳落下了，只留下了漫天的彩霞！真是"夕阳无限好，只是近黄昏"啊！

  Ms 常，刚才您给我打电话，我却不小心挂掉了，我本来想问一问您怎么样了，我还想问一问澳大利亚那边的情况，可是，电话里实在听不清楚，我就想打开扬声器，结果竟按成了"断开通话"！我就在这封信里问一问您吧。亲爱的 Ms 常，您在澳

大利亚过得好吗？那儿的情况怎么样？您的手腕好了吗？我在家里已经读完四本书了！您又读了多少书呢？您一直过着充实的生活吗？我和妈妈还有晓晓姐姐都想着您呢！您能快一点回来吗？

盼着您的回信！

您最亲爱的外甥：王文翰

2011 年 11 月 10 日

又及：亲爱的 Ms 常，我这篇回信又将近 1500 字，您不觉得我就像那些天使企鹅一样勇敢吗？

常老师点评：

从这封信开始，王文翰的署名变为"您最亲爱的外甥"——他很得意于自己洋洋洒洒的回信，想当然地把自己当成我"最亲爱的外甥"。这再一次证明了苏霍姆林斯基的教育学循环理论：在克服困难的过程中建立生命的尊严，从而更愿意去克服困难，挑战一个又一个不可能，生命因此一天天走向丰富。

赴澳期间，老公也出差在外，读初中的女儿一直住在小姨家里，我也就没有什么挂念。每个周末，他们都要拜访大自然，生命也就更加舒展、自如。

255400

写给小蚂蚁们的第六封信

问题与兴趣

常丽华

亲爱的小蚂蚁们，亲爱的晓晓：

你们好。

先回答昨天的问题。那种乐器叫"Djudu"，是用被白蚁吃空后的完整的树干做成的——你猜对了吗？上面的画是那位土著老师自己画的。如果你看得比较仔细，会发现那幅画也是一个故事：下面是一只乌龟，中间是乌龟下的蛋，上面是一只蜥蜴，乌龟的蛋经常会被蜥蜴吃掉，所以乌龟就要不断地下蛋，以保证自己宝宝的出生。我想，这也是土著人的一种精神吧，他们生活在最恶劣的环境里，但从来不屈服，生命的代代相传，让他们成为澳大利亚不可忽略的一股力量。

人，首先是精神生命的成长，就像你们要日不间断地阅读和写作，不断地创造，让自己的每一天都充实而快乐。这样，你的精神生命才足够强大，对不？

我们今天继续听报告，主要是来自小学、初中、高中的校长们讲他们学校的情况。有一个来自 Rose Park Primary School（玫瑰花园小学）的校长讲得很有意思（巧的是，我们分组听课时去的就是这个学校），他讲课的主题是 Learing Through Inquiry，意思是关于问答的教学。他让我们客串一下小学生，问了我们这样一个问题：最好的汽车是什么？他请大家讨论 5 分钟以后再回答（这和我们现在的课堂有些相似哦）。

　　老师们开始议论纷纷，说什么的都有，福特啊，本田啊，节能环保啊，小巧啊，等等。等老师们说完了，这位校长笑着说："你们没有一个人问我：'你说的"最好"是什么意思？'"

　　老师们都笑了——就是啊，因为我们没问，所以回答的角度都不相同。

　　必须承认，我们没有学会问问题。我们有扎实的基础知识，却缺乏创造力，缺乏发现问题的眼睛。这和中国的学生能在世界奥林匹克数学竞赛中获奖，却没有一个中国人能获得诺贝尔奖一样。很多时候，提出一个问题，比解决一个问题更重要。所以，我有几个建议给你们：

　　读一本书时，每读完一章，都要合上书想想，后面的故事会怎么发展，为什么。当你继续往下读的时候，如果你猜的和故事情节吻合，就有意想不到的惊喜；如果你猜的和故事情节南辕北辙，也会有不一样的快乐。这样不断地带着猜测和各种问题去读书，收获会更大。试试看哦！

　　尤其重要的是，在阅读的过程中遇到不理解的词语或者问题，一定要去问问父母或者老师，或者通过其他办法去解决。你们有没有发现，王文翰是最会提问题的，课堂上，如果遇到自己不懂的，他一定会举手提问。这和他在阅读中不懂就问的习惯有很大的关系。

　　还有一点很重要，每一堂课，都要带着自己的问题听课、讨论。小组讨论时，要大胆说出自己的问题和观点，不要总是被动地去听。

　　当然，比这些都重要的是：要对大自然，对一切事物保持好奇和敏感——花儿为什么会开？鸟儿为什么会叫？在更遥远的星球上到底有什么？这个东西为什么是这样而不是那样？……刘皓天在第一封回信中，就问我澳大利亚中午太阳在哪里——这就是好奇啊！你们呢？

　　我要特别告诉晓晓姐姐的是，保持好奇心，首先要做到不能把你所有的时间都放在写作业上！否则，人就学傻了，而且越学越傻！学习的目的是什么？我们不能成为考试的机器，学习的目的是为了让自己更有教养，更有智慧。而课本，只是你学习内容的一部分（这也是小蚂蚁班用最少的时间学语文课本的原因）。而且，不是最多的那部分。你要每天晚上保证 8 点左右写完作业，然后，用充足的时间去创造，去阅读和写作，对自己感兴趣的事情，要舍得拿出时间来。在澳大利亚，中学包括了初中和高中，每所中学除了基础课程外，还有几百个课程供学生选择，就是要让每个学生都能找到自己的兴趣点。我们中国很少有学校能做到这样，所以就要自己学会去寻找，去发展，让生命因此而丰富充盈。否则，只在课本上打转转，生命不就太单一了吗？

旁边这三个字的背后，是一位中学校长教澳大利亚学生学习中文的故事。在外国人眼里，中国的方块字是很奇妙的，结构那么复杂，书写那么麻烦，不像英语，所有的单词都从 26 个字母中来。这位校长学过中文，他教澳大利亚的学生说中国话，写中国字。在学了基本的偏旁之后，他让学生做一个游戏：根据你对德国、法国、英国的了解，自己创造"德、法、英"这三个汉字，目的就是要看看学生对汉字了解了多少——要想让外国学生学会中国所有的汉字，简直比登天还难。那么，接下来就猜猜看：他们创造的这些根本就不存在的中国字到底是啥意思呢？

期待着你们的回信哦！爸爸妈妈有时间，就打下来发到我邮箱里。

对了，在每本书的封底，都有这本书的字数，每当你读完一本书，要学会记录下书名及字数，月底统计的时候就不至于再去翻看了。记住：这个月要完成 50 万字的阅读计划哦！

祝你们开心！

常丽华

2011 年 11 月 8 日星期二

许泽昊写给 Ms 常的回信

亲爱的 Ms 常：

　　您好！

　　的确，冬爷爷已经到了，这就意味着冬天也就到了。"冬雪雪冬小·大寒"，第一个"冬"是立冬的意思，"立"就是到来，"立冬"就是冬天到来了。Ms 常，中间的两个"雪"是"小·雪"和"大雪"。第二个"冬"是冬至的意思，Ms 常，您听我解释的对不对，"至"就是过了一半，"冬至"就是冬天已经过了一半了。"小·寒"是已经开始冷了，"大寒"当然是最冷的了。

　　Ms 常，我说的对不对啊？

　　Ms 常，我好像知道那些根本不存在的文字的意思了。第一个字应该表示英国，因为那些英国的男人很胖，上面的"父"是男人，是他的手，他的手在拿肉，所以很胖。第二个字表示的是德国，上面的是一个人，右面的是他的工作台，下面的是座位，德国人坐在工作台前捣鼓发明。第三个字表示的是法国，左面的是桌上的食物，右面是人在拿食物，因为法国的美食很多。

　　Ms 常，我猜对了吗？

　　您希望我们对一切事物保持好奇和敏感，我很赞同，我也

不会放弃任何一个自己不理解的问题。尤其在数学课上，我总能提出很有价值的问题。您不在的这些天，杨老师说，小蚂蚁们都很会质疑了呢。您放心吧，我们不会比澳大利亚的学生差的！

今天，我就跟您说一件好玩的事儿吧。

上个周末，我和爸爸去济南，跟几个叔叔阿姨到郊外的湖里去放生。

一大早我们先去海鲜市场买鱼，买了四大袋，有鲤鱼，有鳝鱼，有草鱼，还有泥鳅。爸爸和叔叔阿姨们负责放大鱼，那些草鱼和鲤鱼足有半米长，他们把这些大鱼一条条抛入湖中，大部分的鱼都游向湖心，游向自由，可还有一些在岸边被乱草挡住游不走。爸爸一看，大喊一声"我来"，便挽起裤子慢慢地走进湖里，我在旁边也为爸爸捏了一把汗，怕他滑倒掉进水里。老爸不愧是冬泳健将，站在冰冷的水里好久，直到把那些游不走的鱼全抛入湖中才上岸。

　　我负责放那些泥鳅，本来想一条条往湖里放的，可是它们真的太滑了，抓都抓不住，我差点儿踩到水里去！叔叔阿姨们都在笑我，爸爸过来帮我把整袋子鱼都倒在了湖边的浅水里，看着一条条鱼儿欢快地游向湖中，我暗暗祈祷：鱼儿鱼儿你们自由了，你们一定要快快乐乐的哦！

　　Ms常，您一定也感受到我的快乐了吧！快乐你我分享，微笑常挂脸庞！Ms常，希望您在澳大利亚的每一天都开开心心、快快乐乐！

许泽昊

2011年11月10日

常老师点评：

　　许泽昊天赋极高，在小蚂蚁班有"数学天才"、"音乐王子"之称，和王文翰一样，他也喜欢问问题，喜欢研究，对一切美好的事物都有极高的兴趣，尤其是小提琴，他能两天就拉会别人两周才拉会的曲子！与其说这和天赋有关，不如说和他的勤奋努力有关，为了拉会一个曲子，他常常拉到晚上 11 点——在这个过程中，妈妈的陪伴和鼓励起了至关重要的作用。一个孩子要抵达卓越，往往首先来自父母的影响。

二年级下学期开学初，许泽昊妈妈曾经记录了这样一个故事：

周二中午放学回家，儿子兴冲冲地跟我说："妈妈，Ms 常交给我一个任务，让我一周之内拉会《春天在哪里》这首曲子，在我们春天的课程上，每天的晨诵，我拉着小提琴，大家一起唱。"听了他的话，我就给小提琴老师婷婷打电话说了这个事，婷婷老师马上就给他准备了谱子。由于这几天一直参加学校的英语培训，别的孩子 4 点半回家，他回到家后就已经 6 点钟了。等到吃完饭写完作业，虽然很晚了，也很累，儿子依然拿出小提琴，开始攻他的《春天在哪里》。一遍、两遍……磕磕绊绊，非常不熟练（这是个考二级用的曲子，而他刚刚上了六节小课）。儿子就开始掉眼泪了，说："这个曲子太难了。"倔强的儿子虽然掉下了眼泪，手里的弓子却一刻也没有停下过。我看得出，他在很用心很努力地练，但时间已经很晚了，我说今天别练了，就到这里吧，明天再练。儿子边哭边说："不行，万一一周练不好怎么办……"结果，周二晚上一直练到接近11点才去休息。第二天早上醒来起床后第一件事情，就是拿出小提琴练上两遍。（因为晚上他攻不下来曲子，迟迟不肯睡觉，我就跟他说："一日之计在于晨，早上起来脑子最清醒，记忆力最好，练一遍顶得上晚上练好多遍。"）周三晚上，做完该做的作业儿子继续练琴。依然不熟练，谱子背过了，但弓法总是出错，连弓不是少拉一个就是加上一个，再就是倒弓总是落下，这个晚上更是困难，比背谱子还难。儿子边哭边拉，眼睛已经肿了。弓法刚刚练好一点点，指法又错了，低音 do 拉成了高音 do（又加了4指的指法，他的小手指有点够不到弦，很费劲）。我说："儿子，高、低音拉错了没事的，Ms 常听不出来，同学们也听不出来。"我一说完这句话，儿子哭得更厉害了，说："那我要是去考级的时候再出错怎么办，那里的老师还会听不出来吗？"是啊，作为母亲，我怎么能跟孩子说这样的话呢？但是，看到儿子哭得眼睛都肿了，我这当娘的的确很心疼，还好，儿子能够严格要求自己（虽是个男孩，但儿子平时很爱哭的，这要在平时他哭的话，我早就烦了，但是这个时候他哭，我除了鼓励和安慰他，再也没有别的可以给他了，只能在一边陪着他，提醒他弓法该换了，该倒弓了）。儿子累得边哭边拉，我问他："你接下Ms常交给你的这个任务后悔了吗？"他哭着说："没有，我没有后悔，我只是感觉曲子有点难，我攻不下来很着急，Ms常和同学们都在看着我，我绝对不能掉链子啊！"就这样，周三晚上又到了11点。周四早上起床又拿起琴的时候，他就一点不错地、完整地拉了下来。他怕自己在班上出错，就让我拿着谱架和谱子一起到学校去。

于是，我们就在周四的晨诵上听到了许泽昊流畅的小提琴声。那一天，孩子们没有一个出声唱的，都被他的小提琴声震惊了！"我要达到卓越"，这个追求在许泽昊的内心里是如此强烈。我在读许泽昊的故事时，眼眶几次都是湿湿的。一个孩子的生命力量到底有多强大，真的是我们成人所想象不到的。而这，还是苏霍姆林斯基的教育学循环理论啊。当一个孩子在付出了艰苦的努力，克服了巨大的困难后，拥有的成就感会让孩子强烈地感受到生命的尊严，这种尊严感会促使孩子去克服更大的困难，而"我要达到卓越"的习惯也就在这个过程中建立起来了。所以，在澳大利亚教育强调问题与兴趣的时候，我更强调的价值观是：生命必须抵达卓越。

255400

写给小·蚂蚁们的第七封信

心灵的自由

常丽华

亲爱的小·蚂蚁们，亲爱的晓晓：

你们好。

猜那三个字是不是很费劲啊？如果你对"德、法、英"这三个国家一点都不了解的话，当然很费劲；如果有所了解，就不那么费劲了。你看，澳大利亚学生创造的"德"这个字，上面是个"父"，是因为德国人习惯说"祖国啊，我的父亲"（我们习惯说"祖国啊，我的母亲"），下面的"长、肉"两个字，意思是德国的香肠比较长（估计你们看到这里肯定会大笑的吧）。他们创造的"法"这个字，上面一部分是"戈"，表示法国人很好斗，"屮"的意思就是纠纷——好斗不就容易引起纠纷吗？而下面的"内"字，意思是法国内部有很多葡萄园（这个字凑得就有些风马牛不相及了）。而"英"这个字，左面的"言"，意思是英国人和澳大利亚人说着同样的语言，右面的"田"和"雨"是说英国有大片大片的田地，而且雨水充足。

好玩吧？事实上，"德、法、英"这三个国家的名字是音译过来的，并没有实际意义。老师让学生造字，一方面是检测学生对汉字的理解，同时也是看学生的创造力。那位在澳大利亚教中文的校长，也未必理解这三个字的本源，但澳大利亚学生创造的这三个字，倒也体现了会意字（会意，是汉字的造字方式之一）的特点——这个过程对他们来说，一定很有趣。

　　亲爱的小蚂蚁们，作为一个中国人，一定要把中国字写好。有人说，要让一个国家消失，就要让这个国家的人忘记自己的语言，这是多么可怕的事情啊！我很骄傲，小蚂蚁班的孩子大部分都能写出漂亮的字和漂亮的文章。

　　继续和大家聊聊今天的活动吧。

　　今天我们参观了两所中学——Adelaide High School（阿德莱德高中）和 Charles Campbell Secondary School（查理斯坎贝尔中学），还有一所小学，就是前面说到的 Rose Park Primary School，感触很深。

　　在澳大利亚中学，学生没有固定的教室，他们都是根据自己选的课程在不同的教室里上课（所以，学生上完一堂课，就要背着书包再去下一个教室上课。如果有体育课，就必须去盥洗室换上运动服）。每所学校都有几百门课程供学生选择。在 Adelaide High School，有五门课是必选的：英语（我们这里就是语文）、数学、外语（我们是英语，他们是英语之外的另一门语言）、课题研究（每个学生都要确定一个课题进行研究，最后要写出论文，还要进行答辩）和人生规划（制订自己一年的规划，包括自己在这一年里要学什么，怎么学，要达到什么目标等。学年结束的时候，要把规划实施情况说给家长和老师听）。我是第一次听说把课题研究和人生规划作为一门必修课来学习，等你们到了五年级，我们可以尝试着开设这两门课程，这里就不再多说了。他们每个学生在必修课的基础上，再根据自己的兴趣选修其他的课程。

今天上午，我们先去的就是 Adelaide High School。到的时候正是上午第一节课，就看到了这样一些让我瞠目结舌的课：

板球课。Adelaide High School 有四个大大的操场，其中一个操场上的学生正在打板球。学生们都穿着专门的打球的衣服，体育老师在组织他们很有秩序地打比赛——这是上午第一节课哎！真是不可思议。

烹饪课。有些喜欢做饭的学生，就选修了这门课，他们在专门的烹饪教室里学烤面包，做沙拉、牛排等。这间教室就像一间高级大厨房，所有的厨房用品都有。走在里面，香味扑鼻而来。教室里大约有十三四个学生，他们在老师的指导下，很安静地各自忙着。瞧，他们的手艺很不错哦。听说，他们做出来的食物可以直接送到外卖公司呢！

美术课。选修美术的学生很多，不同年级的学生有不同的教室，画素描的，画油画的，用电脑软件画的，等等。大家同样安静地做自己的事情，一点嘈杂的声音都没有。我经常说的"和第二个人说话不要让第三个人听到"的说话语调，在这里就看到了。学校的长廊上，挂出了很多学生自己画的画。由于兴趣爱好

得到培养，不少选修美术的学生因此走上了艺术道路，成为一流的艺术家。其中，一个读十二年级（相当于高三）的中国女孩的画，深深吸引了我：第一幅是她的自画像，是一幅素描；第二幅是她接触了西方的油画后，尝试着用色彩来表达自己——最前面那个蓝色的有着恐惧眼神的是她自己，后面那些红色的满脸开心的是澳大利亚人，表示她和他们不一样。我可以想象，她一个人到澳大利亚读书，走在大街上时那种孤独无助的感觉。因为这是澳大利亚学期快结束的时候，十二年级的学生可以不用到校，自己在家复习，准备大学的考试，所以，我没看到这个女孩，是听

美术老师介绍她的画的。美术老师说，这是她遇到的最有天赋的学生。这个女孩留下了厚厚一本美术作业，老师非常深情地介绍她的每一幅作品——我能听得出，这位老师对她充满了赞赏和怜惜。最后一幅也是她的自画像，不知道你们能不能看出这幅自画像和第一幅有什么不一样。如果看不出，可以去问问美术老师。紧跟着的，是这个女孩子写下来的画画的体会，她说她喜欢画画，因为画画让她获得了自由。听到这里，我突然觉得鼻子一酸。自由有多重要？我们讨论那个让宝宝吃毒食死去的狐狸妈妈，讨论丑小鸭，讨论海的女儿，他们都是视自由为生命的。没

有了自由，生命为何？而对这个"独在异乡为异客"的女孩子来说，画画能让她完整地表达自己——即使身边没有一个人能理解她，她仍旧可以凭借着画画，让心灵自由地舞蹈。就如顾城，在那个黑色的年代，是诗歌，让他获得了自由。我们呢？如果没有热爱上我第一封信中提到的美好事物，要想获得真正的自由，是不可能的。

离开 Adelaide High School 后，我们又去了 Charles Campbell Secondary School，这是一所以艺术见长的学校。同样，在这里，每个学生都会根据兴趣选择自己喜欢的课程。我们去的时候，恰

好赶上选修戏剧的学生在排练戏剧，整个排练厅非常安静，他们表演得非常投入。我们也有童话剧课程——对小蚂蚁们来说，这是每个人都要参与的一门课程。上个学期的《木偶奇遇记》，大家一定记忆犹新吧？今年排《德国，一群老鼠的童话》，大家已经在热火朝天地准备台词了。对今年的演出，我还真是充满了期待呢。

至于 Rose Park Primary School，我下个星期要在这所学校待一个星期，到时候再具体介绍吧。

看到这里，你们会不会想：澳大利亚太好了，学习那么轻松！其实，轻松不轻松，要看你对自己未来的规划。如果你想考入好的大学，那么，你从一开始就要选修难一点的课程。到了十一、十二年级（也就是高二和高三），才能应对大学要考的科目。而这时候的学习，也是很辛苦的。一直选修烹饪、木工这样的课程的学生，中学毕业后就有可能选择技校而不是大学了。

在澳大利亚中学，无所谓好的课程或者不好的课程，关键是在学习过程中获得的心灵的自由，就像那个选修美术的中国女孩，就像选修烹饪的学生一样可以成为一流的厨师。

在中国的中学，很少有学校能提供那么多课程供我们选择。但是，只要你足够强大，就没有什么能锁住你的心灵。所以，还是那句话，要热爱一切美好的事物！诗歌、故事、音乐、绘画、乐器、书法，以及数学、科学、运动，让生命日日浸润在这些事物中，你自然就拥有了心灵的自由，也自然会日渐强大。

就像没有什么能阻挡丑小鸭变成白天鹅。

也没有什么能让小人鱼放弃成为人的梦想。

不必羡慕澳大利亚的学生。成为我们自己，最好的那个自己，就是我们生命的最高实现。

祝你们快乐！

常丽华

2011 年 11 月 9 日星期三

薛雅琪写给 Ms 常的回信

亲爱的 Ms 常：

　　您好。

　　一个人要获得心灵的自由，有很多通道。我的通道就是文字。

　　今天我写了两首诗，送给您——

寂　寞

　　　　我寂寞的时候，

　　　　世界不知道；

　　　　我寂寞的时候，

　　　　朋友们在笑；

　　　　我寂寞的时候，

　　　　奶奶对我好；

　　　　我寂寞的时候，

　　　　宇宙也寂寞。

寂寞的我

　　　　寂寞的我

　　　　被坏人抢走，

　　　　又被好人搭救，

回到家里时，

看到空落的竹篱笆，

心感到寂寞，

也许，在空落的竹篱笆上拿上一点花，

心就不寂寞了吧？

　　我常常觉得很寂寞——爸爸妈妈总是很忙，没有时间和我说话，没有时间听我讲故事，我的寂寞，就只能留给这些诗了。

　　但是，我并不消沉啊。秋天过去了，冬爷爷已经来了，我要用这篇文章，永久地留住秋天——

　　传说，春夏秋冬各有一个仙子管理，他们是春巧、夏帅、秋美、冬喜。每当管理时间过了之后，他们便会沉睡，在他们沉睡之前，他们要在神钟上打上管理的时间，直到神钟说"苏醒"，仙子们才可以继续管理他们各自的时间。可是时间过得很快，快如闪电，不知不觉中，秋美苏醒了，而我们就在秋美管理的这个季节生活着。

　　秋天，是一个幻想王国，而我的幻想大门就在这个秋天向我展开！

　　啊，终于来到幻想王国了。哇，这里简直美如仙境！

　　"你，你是在跟我说话吗？"

"是的。"

哇，花儿小姐居然向我微笑，大树哥哥向我敬礼，蝴蝶姐姐向我展示她轻盈的舞姿，就这样，我们快乐地生活着。可是不久，一场斗争开始了！我们用尽全力去打走敌人，而我们的家园也灰飞烟灭，我们最好的朋友王文翰也因为一场斗争而牺牲了。我们如花那美、如月那纯的心感动了李韶丛仙女，她一挥魔法棒，我们的家园又变回了原样！

秋天，是一种深情告别的痛苦。

蛐蛐跟阳台告别："阳台啊，冬天快要来了，我要过冬了。谢谢你听我唱歌，我走了之后，你要保重啊！"

"知道了！"

"下一个秋天我会再来找你的，再见！"

"再见！"

秋天，是果实们的乐园。

哇，你看这小玉米宝宝，多可爱啊，这小玉米粒就像一朵朵迎春呢！对了，还有这柿子你挤我碰的，争着让人们去摘呢！

秋天，是一盒五彩缤纷的颜料。

你看，黄色的银杏树拿着一把把小扇子——怪了，这么凉爽的秋天，还扇扇子。红色的枫树粘着一枚枚邮票，是在给金

黄色的田野寄信吧！菊花仙子正穿着彩色的衣裳，在秋雨里频频点头，展现自己美如仙境一般的生命呢！

　　这个秋天很美丽，让我"一生"难忘！

　　亲爱的Ms常，在这条自由的通道里，我是一个寂寞的，但也快乐的精灵。

　　愿自由永远与我们同在！

爱您的薛雅琪

2011 年 11 月 10 日

常老师点评：

　　雅琪的文字，常带给我一种震撼。这是一个语言天赋极高的孩子，几位妈妈叫她"小张爱玲"。也许因为寂寞，她在文字世界里开出的花朵，才格外艳丽吧。雅琪常常使用一些让我瞠目结舌的词语——词语背后，是她饱涨的、无处释放的一颗心。但也正是通过这些词语，雅琪抵达了她的自由之境。如何让这个独特的生命，展现她最自然的样子？我到现在还在思考。

李韶丝写给 Ms 常的回信

亲爱的 Ms 常：

　　您好。

　　我也喜欢画画，喜欢在那里放松自己。但我更喜欢的是文字，又黑又小的文字，引导我到达一个自由之境。

　　今天看莎士比亚的《浮士德》（绘本），就仿照着写了一篇童话《亚奥尔格》。在文字的世界里，我可以到达任何一个地方。请跟我来吧——

　　在天堂，所有的天使都很爱戴上帝。不幸的是，一只奇丑的侏儒不但不相信上帝的力量，还想来夺取天堂的东西。

　　一天，四个天使来到上帝那里，用花言巧语来说上帝的一切是多么完美。当天使们说得天花乱坠的时候，忽然，一片黑烟飘过，侏儒出现了。他的头发垂到脚跟；他的眉毛很粗，像是黑色的粗笔画上的；眼睛大得像碗口；鼻子又尖又长，上面还有个大红瘩子，红瘩子就像个大西瓜，差一点就要比脸大了。天使们一见到他，吓得撒腿就跑。

　　侏儒一说话就到了重点："上帝，既然你和你那些无聊的天使都认为你创造的生命很完美，我就要验证一下。我随便找一盒蜡笔。在我的一些问题之下，他们还和从前一样和睦的话，你就让我消失；但如果他们四分五裂的话，你就得给我天堂里最好的珠宝。"上帝慈爱地一笑："好吧，我答应你。我信任我的生命。"

　　第二天一大早，侏儒就起床了。他飞快地戴上遮阳镜，因为侏儒生活在地狱里，非常惧怕光明。戴上遮阳镜后，他一眨眼飞出了地狱。飞着飞着，突然看到一个小男孩的卧室里有一盒蜡笔，他立刻飞进去。奇怪的是，他刚一进去，蜡笔们就站了起来。他还是那样，一开口就直奔主题："你们当中谁的颜色最美丽？"粉色最先发话："我们的颜色都很美丽。只有我们所有的蜡笔才能让一张白纸变得绚丽多彩。"蓝色接着说："对，团结就是力量！"侏儒无话可说，便又问了一个问题："瞧，那边那个傻呆呆的绿就是个累赘。你们为什么不赶走他？"红色坚定地说："不，绿色不是个累赘。他拥有自然的颜色。没有大自然，生命全都得死。""那你们的衣服这样破破烂烂的，不怕被人笑话吗？"侏儒又说。黄色说："不，因为生命之歌是为自己唱的。"侏儒怒气冲冲地飞走了。

他一边飞一边想：怎样才能不让自己消失呢？忽然，他有了一个主意。到了上帝那儿，他装作得意洋洋地说："我只问了一个问题，他们就四分五裂了。"刚一说完，他的鼻子就长了3倍。上帝微微一笑说："你告诉我实话，我就不让你消失。"侏儒不太相信上帝，不过那些天使们都说上帝那么慈祥，况且说实话总比让自己消失要好得多。于是，他便一五一十地告诉了上帝。上帝听了很满意，于是说："你想成为一名仙子吗？"侏儒哼了一声，然后又不属地说："愿意。"上帝并不介意他的态度，朝他一点，一对翅膀朝他飞过来，他竟然真的变成了一个天使——穿着一身白色的衣服，头发短了，鼻子尖上的大红瘩子也消失了。

侏儒开始相信了。

一相信，他心里就有一种奇怪的感觉，是羞愧，还是不好意思？他说不上来。

"你想叫什么名字？"上帝问。

"亚奥尔格。"他轻轻地说。

上帝一点上方，一个小卡片落下来，上面写着"亚奥尔格"。

从此，亚奥尔格和天使们幸福地生活在一起。

从此，我的世界又多了一个故事。

祝您也能到达自由之境。

李韶丛

2011 年 11 月 10 日

常老师点评：

　　韶丛真是灵异，一如这个故事。在《木偶奇遇记》的演出中，她是先知先觉的仙女姐姐。近一个小时的演出，所有人都说她"惊艳"。那次演出之后，她的文字也惊艳起来。孩子最初的创作，都是从模仿开始的。在这个故事中，就有很多我们共同读过的故事的影子。

　　"我信任我的生命"来自于我讲过的生日故事《你是特别的》。

　　鼻子变长，有匹诺曹的影子。

　　颜色之争　来自于我们这个学期的童话剧《德国，

一群老鼠的童话》。

而韶丛创作这个故事最初的模型，则是莎士比亚的《浮士德》（绘本）。

一个孩子，要读多少故事，才能凭借文字抵达自由之境呢？

阅读，阅读，阅读！

2 5 5 4 0 0

写给小·蚂蚁们的第八封信

善待自然

常丽华

亲爱的小·蚂蚁们，亲爱的晓晓：

你们好。

周四和周五参观的学校都是高中，我印象最深的一所中学只招收高中学段的学生，它是以数学和科学见长的——凡是有志于将来研究数学和科学的学生，都可以通过考试进入这所学校。在这里，你看不到一间教室——每层楼都是用玻璃门隔出了几个空间，每个学生都带着自己的手提电脑，完全根据自己的情况来学习，需要独立学习的时候就自己选择一个地方坐下来学习，而遇到问题的时候就去和老师讨论。这是完全开放的、自主的学习。在这样的环境中，需要高度的自觉——学习，是你自己的事情。

阿德莱德和墨尔本一样，所到之处，满眼都是绿草地。很多中学的操场，比我们的校园还要大。下午 3 点以后，孩子们放了学，草地上就多了很多孩子。在这里，每个人都享受着大自然的馈赠，每个人也以友善的态度对待大自然。想想我们，对大自然的戕害太多了，随意砍伐、随意掠夺，所以，各种疾病、各种灾害（旱灾、雪灾、地震等）不断发生——给予什么，就得到什么啊。这就是循环。

善待大自然，就是善待我们自己，是不是？

来到澳大利亚，当然要去亲近一下这里特有的动物——考拉（树袋熊）和袋鼠。于是，周五集中学习结束后，周六上午，我们就来到了阿德莱德野生动物园。在动物园，我们可以跟考拉来一个"亲密接触"——抱着它拍照。考拉就像我们的大熊猫一样，是澳大利亚的国宝，数量已经不是很多了。按照约定的时间，保育员把考拉抱出来，它真是可爱极了——柔软的绒毛，憨厚天真的眼神。有几个人排在我前面，看着他们抱考拉时，考拉一副旁若无人的样子，只是一口口吃着它手中的桉树叶。轮到我时，我心里竟然有一点点小小的惊慌，生怕吓着这个宝贝儿。保育员非常细心，她轻轻卡住考拉的腰，把它转个方向跟我胸贴胸，我赶紧用双手稳稳托住考拉的臀部，保育员再轻轻地把考拉的前爪搭在我肩上，这时我就用左手搂住它的背，让它的头靠在我的肩头。你们知道吗，把考拉抱在怀里，就像抱着一个婴儿。那一刻，我的心里啊，突然变得无比柔软。考拉仍然在不停地吃着桉树叶，身上散发着桉树叶的香气，并不是很在乎谁抱着它——想到这个小小的宝贝儿数量在不断减少，真是心疼啊！

你们肯定要问，为什么考拉的数量在减少？据科学家分析，主要有以下两个原因：第一，考拉的栖息地在不断减少。考拉需要大面积的桉树林作为食物来源——考拉胃口很大，而食路单一，非桉树叶不吃。虽然澳大利亚有300多种桉树，可它只吃其中的12种。而桉树又对土壤的质量要求很高，需要肥沃的土地——这恰恰也是人类需要的。所以，考拉的栖息地就在不断减

少。第二，热浪和干旱也对考拉的生存构成了极大的威胁。考拉不喜欢高温天气，它们需要繁茂湿润的树叶。而随着气候变化的加剧，热浪和干旱发生的频率也在不断增加，这就对考拉造成了极大的威胁。

善待大自然啊，在哪里都是一样的！

知道吗，考拉每天近20个小时处于睡眠状态呢！什么原因呢？原来，考拉吃的桉树叶有麻醉作用！更让人吃惊的是，桉树叶的毒性也很大，小考拉是不能直接吃的。那小考拉吃什么呢？考拉身上的袋子和袋鼠相反，是倒置的，考拉妈妈排便时直接排在袋子里，经过考拉妈妈肠胃消化后的桉树叶毒性大大减小了，粪便里存有的去除了毒性但还没有完全消化掉的桉树叶，便是小考拉的食物了。半年以后，小考拉长大了，才能自己爬出袋子，直接吃桉树叶，开始独立的生活。

很有趣吧？

袋鼠也很乖，我们拿食物喂它，它就会很亲热地靠近我们。有几个袋鼠妈妈，宝宝就在它们的育儿袋里，妈妈吃食物的时候，宝宝的小脑袋就从育儿袋里伸出来，东瞅瞅西看看，似乎在打量这个世界。还记得我们一年级念过的那首关于袋鼠的儿歌吗？

袋鼠妈妈真奇怪，

胸前有个大口袋。

不装吃的和用的，

生下娃娃随身带。

母袋鼠怀孕 40 天左右，就产仔了。它的产仔方式非常特别：还没有发育完全的小袋鼠，是自己从母袋鼠的泄殖腔里爬出来的。小袋鼠的身长只有 2 厘米，体重不到 1 克，这时候的母袋鼠半仰着身子，静静地躺着，尾巴从两腿之间伸出来。它用舌头从尾巴根部向着育儿袋方向舔出一条潮湿的"小路"。小袋鼠虽然"又聋又瞎"，可它凭着本能，用有力的前肢，沿着母袋鼠舔出来的"小路"，顺利爬进了育儿袋。一爬进育儿袋，它就开始寻找奶头。育儿袋里共有 4 个奶头，小袋鼠不会吮吸奶汁，是靠妈妈奶头的自动收缩，把奶汁喷射到小袋鼠嘴里的。小袋鼠也不会排泄，光吃不拉。5 个月的时候，小袋鼠才会在育儿袋里拉屎撒尿，母袋鼠就得经常"打扫"育儿袋的卫生：它用前肢把袋口撑开，用舌头仔仔细细地把袋里袋外舔个干净。小袋鼠在育儿袋里长到 7 个月以后，开始跳出袋外来活动。可一受到惊吓，它又会很快钻回到育儿袋里去。这时候的育儿袋也变得像橡皮袋似的，很有弹性，能拉开能合拢，小袋鼠出出进进很方便。

最后，小袋鼠长到育儿袋再也容纳不下了，它只好搬到袋外来住，可还得靠吃妈妈的奶过日子，于是饿了的时候它就把头钻到育儿袋里去吃奶。这样经过三四年，袋鼠才能发育成熟呢。

想想看，袋鼠妈妈多了不起啊！

和考拉相比，澳大利亚的袋鼠数量就太多了！导游告诉我们，如果你开着车在路上走，经常会有袋鼠撞过来——袋鼠不会往回退，只知道勇往直前，被撞死的几率很大。也正因为袋鼠的勇往直前，袋鼠的形象被放在了澳大利亚的国徽上。国徽上还有被称为国鸟的鸸鹋（ér miáo）。鸸鹋同样是澳大利亚特有的动物，它是世界上第二大鸟类，仅次于非洲鸵鸟，也是世界上最古老的鸟种之一，可惜此行我们没有看到。

无论是哪一种动物，澳大利亚人都将其视为自己最亲密的朋友。因为他们知道，善待了它们，就是善待了自己。

今天就聊到这里吧。明天，我们就要住进 Homestay（寄宿家庭）中了，那是澳大利亚人的家庭，为的是让我们更充分地体验澳大利亚的文化。不过，我真是发憷，因为我的英语太菜了！

在 Homestay 中，会有哪些故事呢？你们是不是也很期待？我也很想知道你们的故事，可要认真写回信哦！

祝你们开心！

常丽华

2011 年 11 月 12 日星期六

张梓琨写给 Ms 常的回信

亲爱的 Ms 常：

　　您好。

　　您说，善待大自然，就是善待我们自己，的确是这样的。这段时间，我们经常周末一起爬山，在大自然中，才感觉到我们和大自然是一体的。我印象最深的是那次在蒙蒙细雨中爬山的经历。

　　走过漫长的弯曲之路，我终于看到了山影。秋天的山竟然变了模样，红色、黄色、绿色都藏到了山里，大山成了五彩的了，这么美丽的山简直就是画出来的。走近了，原来是红红的黄栌树、黄黄的银杏树以及那些浓绿的松柏给大山穿上了色彩斑斓的外衣啊！被雨淋湿的叶子水灵灵的，格外艳丽。

　　我们一边爬山，一边欣赏秋天的果实。橘黄的柿子成熟了，挂在光秃秃的枝头上就像是一盏盏小灯笼。黄灿灿的玉米被整齐地排列在屋顶上，还有的被束在一起挂到了柱子上，柱子就变成了金色的宝塔。一个个地瓜娃娃，带着黏糊糊的泥土帽子，也大模大样地站在了地面上。红艳艳的山楂娃娃，只剩下孤零零的几个了，她们看到我们的到来就高声叫道："快把我摘下来吧，我在上面没意思极了。"终于到了午饭时间，我们来到凉亭里，亭子外面滴滴答答的小雨敲着石板，好像在为我们举行一场演唱会。我们的午餐也很丰富，有面包，有牛奶，有火腿，有鸡蛋，还有我们用面包和火腿做的美味汉堡呢！

下山了，一路上我们碰到了很多有趣的事情。我们在山上的农家里一起喂羊，好玩的是一头老羊争着跟小羊们抢干草，差点儿把喂羊的刘宗妮给拉进羊圈里呢！

每次看到这些动物，我仿佛都能听懂它们的语言，能看懂它们的每一个神情。你听，那头老羊是不是在说："喂，小孩们，你们怎么一点也不懂得尊敬老人啊？"

有趣吧？

　　我们还一起发现了古时候挑水用的扁担，于是四个人一起钻到了扁担下面，要担水喝。看到我们可爱的样子，李韶丛妈妈说："这简直是美丽的四小天鹅在跳挑水舞嘛！"

　　我们一起在武状元门前朗诵顾城的《我是一个任性的孩子》，开始是一人一小节，接下来我们一人一遍，最后我第一个背诵通过了，我也是状元了！我们还发现了一个小河塘，上面有好多木墩，我们把它当做船，找来一根拐杖当做划船用的桨。正当我们玩得尽兴的时候，只听一声"哎哟"，原来是李韶丛一不小心一条腿已经落入河塘里了。

　　蒙蒙细雨中爬山的感觉真是别有一番滋味啊！

　　我喜欢大自然带给我的一切。

　　Ms 常，您回来之后，也每周都和我们去亲近大自然吧！

爱您的张梓琨

2011 年 11 月 13 日

常老师点评：

　　到了周末，很多家庭已经自发地组织起来，带着孩子们去亲近大自然。澳大利亚人对大自然的热爱，深深触动了我。如梓琨所言，每个周末，我也要拿出至少半天的时间爬爬山，聆听大自然的召唤，享受大自然的馈赠。梓琨也是极富灵性的孩子，文章清新活泼，仿佛让我看到她们在山间欢呼雀跃的身影，也仿佛听到她们天籁一般的朗诵。

255400

写给小·蚂蚁们的第九封信

初入Homestay

常丽华

亲爱的小蚂蚁们，亲爱的晓晓：

你们好。

从昨天晚上开始，我就开始背常用的英语单词和句子，以防今天和房东见面会很尴尬。幸运的是，我和一位姓张的老师分到了同一个家庭中，虽说我们的英语都很菜，但有个伴儿总还不至于感到太恐惧。

早上 9 点半，我们就把行李都放到了大厅中，等着 Homestay 的人来接。老师们开玩笑地说，我们就像一群被人领养的孤儿，大都是一副可怜兮兮的样子——当然，这对我们也是一个挑战。不一会儿，一位和善的妈妈领着两个金发碧眼的孩子来了，是来接一位叫于莉的老师的。于莉老师和大家拥抱告别时，眼圈都红了。我也感觉眼眶酸酸的。可以想象，她一个人住进一个语言不通的家庭中，该是多么孤独！

不长时间，老师们一个个被接走了，只剩下我们五个人。我心里开始慌了：为什么还没有人来接我们？是不是房东不喜欢我们住进去所以迟到了？正胡思乱想的时候，一位年轻干练的女士，领着一个 6 岁左右的小男孩走过来，一问，就是接我们的。还接另一位叫朱良才的男老师。我们两个 Homestay 住得近，就一块儿接了。

小男孩很活泼，看到我们大包小包拎着行李，他也非要拿东西，朱老师就给了他一幅画让他拿着。小男孩一上车，就把画打开了。他妈妈赶紧制止了他。我拿出一个蹴鞠的钥匙挂链送给他，告诉他上面画的是"the oldest football"，就是我们的蹴鞠啦！估计小男孩也不是很懂，但对这个挂链很感兴趣，看过来看过去。在车上，那位年轻的妈妈很热情地和我们说话，我们能听懂的实在太少了，只是明白了一件事情：朱老师就住在她家里，而且，她去过中国的北京。我心里又咯噔了一下：为什么我们的房东不来接我们呢？是有什么特别的事情吗？

　　一路上，妈妈和儿子在不断对话，我们能听得出，是妈妈在教儿子说英文单词。这是一个很重视学习的家庭。车子开了10分钟左右，来到了一个房号是36号的别墅前。我知道，我们的Homestay到了（之前我们都拿到了详细的地址）。这是一座很漂亮的别墅，白色的院墙，院子里种满了花儿，院墙也被绿色掩映着。房门是开着的，一条长长的通道，铺着彩色地毯。听到我们的声音，房东迎了出来，是一个胖胖的中年妇女。我们知道她叫Suzi，赶紧用英语问好。她带我们看住的房间，里面有两张小床，好像很干净。放下行李后，我们穿过长廊，就来到了客厅，一看，有一个16岁左右的女孩坐在沙发上，正在用纱布缠脚——我也就释然了，她女儿的脚崴了，所以不能去接我们。客厅东西走向，最东边是电视，最西边就是厨房用具——澳大利亚家庭大多没有专门的厨房，因为他们不炒菜，也就没有油烟味。客厅中间靠近厨房的地方，有一张高高的木质桌子，四周是高脚凳，应该就是招待客人喝咖啡或者喝茶的地方。客厅的西北角，是长长的餐桌，这是典型的西式餐桌。

Suzi 招呼我们坐下来，问我们喝咖啡还是茶（这句话很好懂），我要了一杯咖啡，张老师和朱老师要了一杯茶，小男孩要了一杯橙汁，大家边喝边聊。用语言聊天的可能性几乎没有，张老师就拿着她的快译通，先是翻译出了问候房东女儿的话——不问候一声就太没礼貌了；我回到房间拿出晓晓写的信，送给房东的女儿。她对晓晓信中说一个班级有 59 个学生感到很惊讶（从她的表情可以看出来），然后告诉我，她也喜欢哈利·波特。因为晓晓姐姐在信里说她喜欢哈利·波特。再然后，我就听不懂了！

这咋办？我干脆拿出笔记本，把你们的照片放给她们看，她们对我们的教室很是好奇，可是问题我一个也听不明白。于是，她们就只是赞美你们很可爱，赞美你们的写绘作业很漂亮！

Suzi 也去房间拿出她的电脑，给我们看一些照片，这一看，我还真吓了一跳！她和丈夫去过上海、北京、南京和苏州，上百张照片，漂亮极了！令人尴尬的是，其中有一张他们在北京看京剧的照片，我们想表达京剧的意思，可没有一个人会说这个单词，朱老师灵机一动，说出了"Chinese old song"，真是在凑单词了！接下来的状况就是：她们两个妈妈在聊，我们三个中国老师在聊，她俩说话的内容常常有"China"，估计是在交流去中国旅游的心得。趁她们聊天的空儿，我观察了一下客厅，哈，里面的装饰品，大多是中国的陶瓷呢！大大的青花瓷挂盘挂在墙壁上，还有一个青花瓷花瓶，放在电视机旁边。看起来，她对中国文化很感兴趣——遗憾的是，我们无法和她沟通交流。

好不容易等到朱老师和她的房东走了，我赶紧把准备的礼物拿出来——一个大大的蹴鞠，用精美的礼物盒子装着，下面的这些介绍，已经被我背得滚瓜烂熟了——

This is the oldest kind of football in China, maybe the oldest football in the world, because it is over two thousand years old. It is formed in my hometown. I hope you will like it.

什么意思呢？让 Ms 曹教你们读读吧。呵呵，我们临淄可是世界足球的起源地啊！

Suzi 听我一介绍，能看得出，她心花怒放。盒子里还有一个中英文小册子，她看了看，更开心了。张老师送她一盒精致的陶瓷刀，她同样很开心。她告诉我们中午是 12 点吃饭，为了避免尴尬，我俩就告别她回到了卧室。张老师把床上的被子掀开一看，她差点儿晕倒，床单貌似没洗，脏兮兮的！老外办事，忒不牢靠了！

　　出门在外，卫生是第一问题。所以，一看这状况，我俩立刻就蔫了。张老师恨恨地说："早知道她这么不重视我们，就不送她礼物了。"话虽这么说，中国人的礼仪还是不能丢失的。

　　只能将就着吧。

　　我们看了一会儿书，等到 12 点半，Suzi 的丈夫也回来了。我们以为午饭在家里吃（学校的校长说好了，晚上要请去他学校的四位老师吃饭），没想到他们开车带我们出去。还是语言不通啊，我们也搞不清楚状况。张老师说："是不是看我们送的礼物挺贵重的，就请我们出去吃饭？"天知道！一个半小时的路程，我们来到了一个酒庄——看，同在 Rose Park Primary School 参观交流的另两位老师（朱老师和于莉老师）和他们的房东都已经到了。紧跟着，校长和美丽的翻译爱娃也到了。我和张老师恍然大悟：我们晚上的聚餐改在中午，午餐是校长买单啊！

　　爱娃说，这是阿德莱德相当漂亮的一个酒庄，也就意味着这次的聚餐挺隆重的。但是，那个饭啊，我们实在吃不习惯！俩人一个大盘子，盘子里有两截德国香肠、两块袋鼠肉、两个蘑菇、两片红萝卜、七八片超难吃的面包片，然后就是用生菜、西红柿拌的半盘子沙拉了。不过，阿德莱德的葡萄酒非常有名，一路上都是大片大片的葡萄园。每人一只酒杯，喜欢喝就自己倒，我尝了尝，红葡萄酒和白葡萄酒的味道都很不错。这样一边吃一边聊，一个多小时的时间，把爱娃累得够呛（她要一直翻译）。其间，我们才知道，我家的女主人是一位中学老师。接我们的那位年轻妈妈和她丈夫都是大学老师，她非常活泼，说话语调很夸张，也很真诚。于莉的Homestay的女主人非常安静，也是大学老师，她7岁的小女儿和13岁的儿子更是有教养，说话彬彬有礼。于莉说，这位女主人专门为她准备了很多中国食品，让她很感动。

　　每个家庭的差别，还是很大的。

　　看到我们的合影了吧？我们家的女主人穿了黑色的裙子，红色的高跟鞋，很正式。遗憾的是，你们只能看到黑白照。等我回去后，给你们看PPT。这个地方的确很美，大片的葡萄园，绿茵茵的草地——如果不是担心后面几天的生活，今天中午的聚餐一定是很美妙的。

　　校长给我们要了饭后的咖啡，他说有事就先走了。爱娃告诉我们，校长和妻子约好了下午去买菜——这就是他的重要事情。澳大利亚人的家庭观念是很重的，周末一般都和家人在一起。而且在他看来，约好的事情是不能失约的，不管是和谁。他们对家庭的重视，让我很感动。

　　喝完咖啡（真是好喝，用"香浓"来形容再合适不过了），我们也就回去了。

　　晚饭是牛肉炒面，还浇了说不清是什么的汁，因为经常和晓晓去凯悦西餐厅，所以我能吃得惯。张老师就惨了，她说简直和吃药一样，得喝一口水才能咽一口面下去。在阿德莱德的家庭中，各自的盘子各自洗，洗完后得用布擦干才能放到饭橱里。我真是别扭极了，觉得自己吃完就去刷自己的碗，然后离开，好没人情味哦。不过，这也是人家的习惯，入乡随俗吧。

　　收拾完了后，Suzi就打开冰箱和橱柜，告诉我们面包片怎么烤，牛奶怎么热，麦片在哪里——明天的早餐，就是我们自己做了。她又拿出两袋方便面，让我们带去学校做明天的午餐。在这里，午餐都很简单，晚餐会相对像样一些。

　　Suzi说完这些事情之后，她自己已经热得满头大汗了——沟通还是很困难啊！她需要用大量的手语，我们才能"看"明白。

　　回到卧室，张老师笑着说，我们已经"成功逃离客厅"！

晚上洗澡，3 分钟就 OK 了。澳大利亚是一个缺水的国家，如果洗澡时间超过了 10 分钟，就会被责怪浪费水资源。而且，浴室里绝对不能留下水滴。

听着蚊子哼哼叫，凌晨 1 点了我还没睡着。

这叫什么呢？他们其实并不尊重中国人，或者说，我们还没有做到让所有外国人都对我们中国人竖起大拇指。就像前几天老师们去购物，因为计较打折的问题，被收银员很鄙夷地说"典型的中国人"。唉！要做一个堂堂正正的中国人啊，要有教养，要有智慧，要足够强大，就从我们开始吧！

第一天，心情很沉重。

常丽华

2011 年 11 月 13 日星期日

李可心写给 Ms 常的回信

亲爱的 Ms 常：

您好！

您不要难过了，也不要心情沉重了。您看，因为您的信，我们真的就跟着您去了一趟澳大利亚呢！妈妈说，Suzi 一家不一定是故意的，也许这就是他们的生活习惯呢！不过，看到您说吃袋鼠肉，我心里难过极了——我太喜欢那些小袋鼠了，你们怎么能吃它们的肉呢？

——亲爱的Ms常，和您说点开心的事儿吧。我家有两盆风信子都开花了。一盆是粉色的，一盆是紫色的。您听，她俩因为颜色不一样就开始了争吵——

粉色傲慢地说："瞧，我的粉色多美啊！就像我家小公主的蝴蝶结那样美丽。"

"虽然我不如你美，但我也有自己的优点。"紫色谦虚地说。

傲慢的粉色开始奚落紫色，说："你在照相机里是蓝色的，拍出照来才是紫色，真是太可笑了。"

这下，紫色不吭声了。紫色在努力地生长，开出了第二朵、第三朵……

空气中弥漫着令人陶醉的香气。

这时，粉色的花感到羞愧不已，不好意思地说："对不起，我为以前说的话道歉。请原谅。"

紫色的花说："没关系，我们不一样，但我们都很棒。"

她们成了好朋友。

有一天，她们邀请了郁金香、仙客来、水仙和百合花，开了一次宴会。

主持人是郁金香，她宣布："庆祝晚会现在开始！下面有请水仙为我们带来美不胜收的舞蹈。"

水仙出场了，她穿着白色的纱裙，迈着轻盈的舞步，跳着婀娜多姿的舞蹈，那白色的纱裙随着她的身体旋转而飘荡着。观众们惊叹不已。

主持人郁金香说："下面有请百合花为我们演奏钢琴曲《献给爱丽丝》。"

百合开始演奏了。琴声从她的手中流淌出来，像荡漾的波纹。她演奏完毕，大家的掌声如打雷一般。

"百合花的演奏让我们身临其境，下面有请风信子和仙客来为大家献上美妙的歌声。"郁金香说完就伸出右手请她们上台。

"一弹戏牡丹，一挥万重山，一横长城长，一竖字铿锵……"她们动作优雅，声音柔美，眼睛放着光芒。演唱完后大家都呆住了，还沉浸在歌声中，过了一会儿才意识到演唱结束了。

这次聚会结束了，花儿们依依不舍地互相告别，各自回到自己的家。

风信子用生命编织了属于她自己的奇迹。

亲爱的Ms常，您喜欢这个故事吗？我喜欢冬天，还因为我的生日就在冬天，我经常看小蚂蚁们写给我的生日祝福——那本生日书，可是我最珍爱的一本书呢！

亲爱的Ms常，我很喜欢读您的信，我爸爸妈妈也很喜欢读。您的信让我们的生活充满了美好。

祝愿您在澳大利亚的每一天都是美好的！

爱您的李可心

2011年11月14日

常老师点评：

可心是小蚂蚁班年龄最小的孩子，入学的时候只有5岁半——她妈妈就是为了让可心进我们这个班，才决定提前入学的。对我来说，这真是一份沉甸甸的信任啊！小小的可心，最初的书写很吃力，后来就慢慢跟上来了。她是一个道德感很强的孩子，作为组长，她很在乎小组的荣誉。而生日书——不仅仅是可心，小蚂蚁班的每个孩子，都对属于自己的这本"书"情有独钟。

这就是我们的生日故事课程。每个孩子过生日时，我会精心选择一个暗含了他独特生命气质的生日故事讲给他听——当然也讲给全班同学听。这是我们教室里最隆重的时候。在这个故事里，有这个孩子的影子，也有我对他的期待。然后，我们全班同学给他读我根据生日故事写的生日诗。接下来，每个同学都会为他画生日画、写生日诗——装订起来，这就是属于一个孩子的生日书。现在，每个孩子已经都有了自己的生日故事和生日书，这是我能给予一个生命的最隆重的礼物。

2 5 5 4 0 0

写给小·蚂蚁们的第十封信

Rose Park Primary School 第一天

常丽华

亲爱的小·蚂蚁们，亲爱的晓晓：

你们好。

今天是在 Rose Park Primary School 的第一天，我的感觉就是三个词语：从容、安静、优雅。

我们看的第一节课是六年级和七年级四个班一起的"Walk Talk"，意思就是走路、讨论，需要在外面走 40 分钟，很有意思吧？每个周一早上，高年级的四个班同时上这节课。因为周末两

天，大家都没见面，会有很多有趣的事情需要交流，而且高年级的同学也需要更多运动。

　　我们四个老师，加上爱娃，和学校的老师同学一起开始了"走路谈话"。呵，果然如此啊，因为昨天是第一次住在Homestay，我们彼此之间就有很多话要说，比如昨晚睡得怎么样啊，各自的Homestay什么特点啊，对这个学校最初的感受啊，我们是走一路说一路。看看走在我们前面的学生，他们也是在轻轻地交流——不是大声，而是轻声。看来，这门课程是满足了同学们相互倾诉的愿望啊。40分钟，我们穿过了一条条街道，也欣赏了阿德莱德的美景。路旁是一棵棵开满了紫色小花的树，花儿落了一地，仿佛是一条条紫色的地毯，阳光透过枝叶照下来，美极了。在澳大利亚，落花和落叶是不扫的，直到它们和大地融为一体——这也是人与大自然的和谐吧，就像他们不会修剪树木一样。这里很少有高楼，人们住的大多是别墅，而且每一所房子的样式都不一样，主人是按照自己的设计来建造房子的。所以，每所房子都有各自不同的特点。令人称奇的是，我们穿过的这个小区里有不少几十年甚至上百年的老房子，这些房子的围墙都是用草和树枝围起来的，照片中的这所房子，就已经有150年的历史了。那么，就请小蚂蚁们猜猜看：这里是旧房子贵还是漂亮的新房子贵（这个小区是一个高档小区），为什么？希望你们能在回

信中告诉我。

    40 分钟后，我们回到学校，四个班级的同学在大厅中席地而坐，听一位老师向他们介绍这一周以及后面几周的重要活动。我发现，他们的户外活动挺多，类似于我们的思维课。上一周，六年级的同学去野营，考察了几条河流，下一周结束前，每位同学就要针对考察情况写出一份报告。瞧，他们的学习任务可不轻啊！这样的任务布置，用了大约 30 分钟。接下来，同样请小蚂蚁们猜猜看：这位老师手里为什么拿着一双袜子？

　　这就到第三节课了。我们去看学前班小朋友的课堂——澳大利亚孩子上学比你们晚，他们6岁才上学前班。不过，我告诉你们哦，这些6岁的孩子太让我们吃惊了！

　　我们进去的时候，他们正在进行有机食物健康食品的课程，一个叫Max的小男孩恰好在用电脑放自己做的小电影：先是几张咖啡色卡纸合在一起的土地，然后太阳出来了，小树慢慢长大，

接着是水壶在浇水，很快，树上结了很多橙子，接下来是橙子被榨成果汁——他的电影名字就叫《橙汁》。6 岁的小孩哦！我都做不出来！

演示完了后，老师让 Max 介绍一下电影的制作过程。Max 坐在前面的高椅子上，有些害羞地告诉大家，他第一步是构思；第二步是画画，然后拍下来，一共画了 280 幅画呢；第三步在音乐网站上找音乐；最后合成一个小电影。Max 说完以后，所有小朋友给了他热烈的掌声——整个过程，教室里非常安静。

同样让我吃惊的是，幼儿园的老师让三个小朋友带我们去参观他们的活动区域。这三个孩子就像小导游一样，大方极了！他们先带我们看了"友谊之椅"，椅子上写着"如果你需要朋友，就到这里来坐一坐吧"。三个孩子请我们坐在椅子上，然后很自然地坐在了我们身边。这时候，语言不通已经不是什么问题，重要的是他们极其真诚地邀请我们，希望和我们成为朋友——6 岁的孩子啊！根本就没有老师在教！（照片中这个美丽的姐姐，是我们的翻译，叫爱娃，她在阿德莱德大学读大四。）然后，三个孩子带我们去看他们的种植园，告诉我们哪些是甜玉米，哪些是薄荷，还有葱和各种植物。他们在介绍的时候，语气和表情充满了自豪。整个过程，这三个孩子说话声音不高，但非常从容。亲爱的小蚂蚁们，如果有陌生人去参观我们的教室，很想了解我们

教室的情况，你们能大方得体地通过介绍让客人觉得温暖吗？

我很奇怪：6岁的孩子，这种优雅的品质是从哪里来的呢？当我们再回到教室的时候，通过爱娃姐姐的翻译，我似乎明白了一点点。在这间学前班教室的墙壁上，贴了很多圆形卡纸，上面写着"尊重"、"倾听"、"回应"、"合作"、"创造"、"自信"，甚至是"能独自面对危机"这样的词语，哪个孩子做到了，就在这张圆形的卡纸上贴上他的名字——6岁的孩子，从一开始就知道，他们应该成为什么样的人。今天，Max 和大家分享了他的小电影后，老师就把他的名字放在了"创造"的那张卡纸上。Max 制作的小电影非常精彩，但他的收获不仅仅是这个小电影，更重要的是他的创造力。你们认为呢？亲爱的小蚂蚁们，成为一个什么样的人，比你学会了哪些知识更为重要。或者说，学习，首先是学习做人。我们的道德六阶段，就是告诉你要成为一个什么样的人。Ms 常不在的日子，你能达到第四阶段"我要遵守规则"吗？如果用一个词来概括我们的班规，就是"卓越"。当然，如果你想做到更好，你能达到第五阶段"将心比心"吗？你能让 Ms 曹觉得每天走进小蚂蚁教室，是一件开心的事情吗？看到这些 6 岁孩子的举止，我真想知道你们这段时间是怎么做的，能在信中告诉我吗？

第四节课，我们听了一节二年级的日语课，这就是他们的外语课，是必修的，就像你们要学习英语一样。这节课很有意思，主题是用日币买东西。老师简单介绍了这节课的主题后，先给孩子们发了一件日式的黄色上衣，让孩子们穿上。课前，老师用彩纸打印了日币，放到每个孩子的学习夹中，孩子们拿到之后，就用剪刀把自己的日币一张张剪下来，放到自己做的钱包里。教室里有三个卖货区，一个区域里是面包、寿司、蒸包之类的食物，一个区域里有很多零食，还有一个区域是毛绒玩具。每

个区域都有一个专门的同学负责把物品摆放好。这些工作做好后，同学们就开始互相买卖：如果你想买面包，你就用日语说"面包"，然后问"服务员"多少钱，而"服务员"就要用日语说出钱数——这样的学习，是和生活体验联系在一起的。更有意思的是，教室一角还有很多日本和服，我发现几个孩子一节课就在那里穿着和服玩，因为他们没有发到黄色的小上衣。快下课时，老师说，下一节课继续进行买卖练习，这节课没有穿到黄色上衣的，下一节课要继续练习。这种体验很有趣，你们可以建议英语老师进行这样的活动。如果有谁主动给英语老师写信介绍这种学习活动，他就是一个极富创造力的人了！

和我们一样，第四节课后就是午饭时间。大家的饭都是从家里带的，我们也是。孩子们喜欢坐在操场上吃。我们的午餐非常简单，就是一袋小小的澳式方便面（说实话，澳式方便面难吃极了），一块小小的点心。

下午两节课，我们听的是美术课。美术老师给每个孩子准备了一个盘子的模具，这节课的内容就是给模具塑形。老师准备了很多糨糊（用面粉调的，据说可以吃），还有很多纸，孩子们穿上工作衣，就开始工作了——撕下一些纸片，看看模具哪里不平，就贴在哪里。每个人的手上都黏糊糊的，但很开心。同样重要的是，这样的美术课，教室里依旧很安静。安静、从容，真的是每一节课、每一个孩子的特点。而这些，都是需要我们学习的地方。这项学习活动，需要在圣诞节前完成——后面的几节课，要在盘子上画画，然后把在学校里烤的饼干放进去，作为圣诞节的礼物送给妈妈。这个盘子，每个孩子也就永久保存了。

听完课后，我们四个老师和翻译一起，在学校讨论了一些问题，就各自回家了。

晚饭是 Suzi 的丈夫做的，有面条、肉酱和沙拉，味道还是蛮不错的！就说到这里吧。

期待看到你们的回信哦！

常丽华

2011 年 11 月 14 日星期一

255400

写给小·蚂蚁们的第十一封信

Rose Park Primary School 第二天

常丽华

亲爱的小·蚂蚁们，亲爱的晓晓：

你们好。

先回答上封信中的问题。那所 150 年前的房子，需要 150 万澳币，比新房子要贵得多。记得我和你们说过，澳大利亚人以旧为美，墨尔本 100 多年前的电车现在还在正常使用，墨尔本的街道也是 100 多年前就规划好的，到现在都没有改变过——这是非常值得我们尊敬的。第二个问题，那个老师拿着那双袜子，是不知道哪个同学在上周野营时给扔了。老师正在问："请问，这是谁的袜子？请今天把它带回家洗干净。"

哈哈，你猜对了吗？

我知道，有几个小蚂蚁很担心我是不是在 Homestay 中住不习惯。到今天我才发现，我其实是多虑了。女主人很热情，而午餐吃简单的食物就是他们自己的生活习惯。就像昨天晚上，他们精心做了意大利面，味道很不错哦！所以，今天一早，我们就开开心心地上学去了！

今天一整天，我们都跟着五年级一个班的孩子学习，就像很多老师去我们小蚂蚁教室，要看我们一整天甚至是几天的学习生活一样。

早上从 9 点开始，先是 15 分钟的班会课。我们到教室时，看到两个班级管理员先是点名，然后公布一天的学习安排，有健身课、数学课、写字课、阅读课和研究报告。我觉得好奇怪啊：课表都是早就安排好的，为什么还要浪费这 15 分钟的时间呢？而且，点名也好奇怪，大家坐在座位上，一看不就明白了吗？还是我们小蚂蚁班的晨诵好啊，用美妙的诗歌唤醒黎明，然后迎来充满诗意的一天。你们认为呢？在这中间，校长助理走进来，给几个昨天义务进行交通管理的孩子各发了一块糖。看来，早上的 15 分钟，是全校统一的班会课了。就这样处理杂事，这 15 分钟实在有些浪费。

9 点 14 分时，老师发给每个孩子一份学校音乐节的手册，让父母签字，看是否同意参加。如果父母同意，那就要精心准备节目了。

9 点 15 分时，老师发下第一节健身课的小组名单以及活动的内容。组长拿到名单后，迅速组织本组内的同学下楼。

在这 15 分钟内，学生们都非常安静，老师说话的语调也很低，如果教室里稍微有些嘈杂，就听不到老师的声音了。我很喜欢这种安静的教室环境，但我觉得老师的语调如果感染力再强些，就更加完美了。而这，就是我们以后努力的方向。

当我们到一楼活动厅时，发现学生们已经按照小组顺序站好了。活动厅有音响，音乐一起，大家就活动起来，有转呼啦圈的，有跳绳的，有来回跑的，有跳格子的，还有在垫子上翻跟斗的。没有一个孩子说话或者捣乱，所有的人都在运动，也都非常遵守规则。5分钟以后，每个小组都按照顺时针方向迅速跑到下一个活动区域内。就这样，5分钟玩一种项目，下课时就玩完了所有的项目。正是良好的秩序，保证了活动的效果。想想你们的体育课吧，是否做到了有序？是否每个人都让自己得到了充分的锻炼？半个小时结束的时候，每个孩子都大汗淋漓。而老师一说结束，学生们先是迅速把所有器材放到该放的地方，然后围成一个圈坐下，老师提示大家要安静地回教室，拿出昨天的日记接受检查，并拿出数学课本准备数学课。

你如何看早上第一节上健身课呢？我很想知道你们的看法。

9点45分，学生们返回教室，拿出各自带的水果或者点心吃起来。我在想，也许我们以后也可以在上午带点水果去教室，这样能给身体补充一下营养。5分钟的休息时间，仍旧没有人大声说话，更没有打闹现象。

9点50分，第二节课开始。这是一节数学复习课。上课方式很简单，老师拿着她的教材（学生没有教材，只有作业本），说一道题，孩子们就在作业本上写一道题。第一道题是21再加多少是22.3，第二道题是哪个数离4900最近，第三道题是400减11是多少……诸如此类的一些题目，似乎没有什么规律。接下来是4道速算题，还有正方体表面积的运算。这是五年级哦，数学太简单了！在这个过程中，一个孩子打了个呵欠，马上说了一声 "Sorry"（因为他影响到了别人），大家继续算题，一如既往地安静。看到这里，你会反思一下自己吗？你会时刻注意自己是在一个集体中吗？你会因此而要求自己凡事都以不影响别人为标准吗？值得一提的是，大部分学生的作业都非常工整，每道题前都写上了序号。20分钟以后，老师订正答案，一共20道题，对了自己打对勾，错了就画个哭脸。我身边的小女孩，对了16道题，就自己在本子上写下16/20这个分数，旁边画了个小笑脸，意思是对自己的成绩还比较满意。

我也很赞赏这样的自我评价，你呢？

10点10分，写字课开始。在澳大利亚，语文、数学和写研究报告，都是班主任教，所以，数学复习课结束后，写字课接着就开始了。学生拿出自己的写字本，老师通过白板出示了三组英文单词，让大家看看这些单词是怎么分类的，然后把不会的抄写下来，或者查字典理解，或者用单词说一个句子去运用。到10点20分时，也就是上课10分钟后，有一个同学进来，说把英语作为第二语言学习的同学要走了——澳大利亚是个移民国家，有40多个国家的人在这里生活，那么，英语就是他们的第二语言。在这个教室里，就有两个中国女孩，她们的英语水平和澳大利亚的孩子相比，差了很多，更别说还要用英语去学习各门功课了。

所以，母语非英语的同学，每周都有一个小时的单独学习英语的时间。

校长也在这个时候走进来，邀请我们去看看这些孩子的课堂——校长很尊重我们，特意给我们安排了课表，希望我们有更多的收获。

在这个特殊的教室里，只有七个同学在上课，每个人面前都有一篇需要阅读的文章。老师给出了具体要求，类似于考试中的阅读题，让这七个孩子做题。我并不是很赞成这种方法，老师为什么不带着他们读那些优美的英文名篇呢？大声朗读，然后讨论，就像我们一年级读卡梅拉、二年级读贝贝熊那样，因为这是在学习语言啊！想想看，如果没有大声朗读过那些故事，你们的朗读和写作能像今天这样好吗？

你们同意我的看法吗？

这节课一直上到了 11 点。那么，教室里的同学大概就是一直在练习单词吧。

11 点到 11 点半，是一个长长的休息时间，类似于我们上午的课间操时间。同学们去操场上打球，或者做游戏，老师则到专门的休息室去喝点咖啡，休息一会儿。

11 点半，第三节课开始。这是一节完整的数学课。老师先请一个同学在黑板上算 3081 减 393 等于多少，你们一看应该就知道，这是多位数的退位减法。老师特意强调了借位的问题——这就是咱们小蚂蚁班数学老师 Ms 杨说的"关键词"。接下来的练习很有意思，老师先创设了一个情境，大约就是两个孩子在学校里学习的故事。然后两个人一组，模仿故事中的情景，迅速准备好直尺、计算器、骰子、本子以及一张写有从 100 到 200 的数字的塑封纸。OK，游戏现在开始。老师和一个单着的学生一组，通过实物投影告诉大家接下来的游戏怎么进行：一个人拿出 4 个骰子一掷，按照从大到小的顺序，把这 4 个骰子显示的数字组成一个四位数，写在自己的本子上。然后，再拿一个骰子掷到那张写有从 100 到 200 的数字的塑封纸上，骰子停在哪个数上，就用刚才组成的四位数减去这个三位数。一个同学掷完了，另一个同学再掷。老师没有说很多话，但是学生们一看就明白了。我发现，老师不是通过一大堆语言来说要求，而是通过演示来示范的，这样，学生们更能集中精力来听。这节课大部分的时间，学生们都在通过这个游戏练习多位数的减法——练习、练习，数学课上的练习非常重要。学生们做了 4 道四位数减三位数的练习后，又开始做五位数减四位数的练习，同样是 4 道题之后，快的同学已经开始做六位数减五位数的题目了（六位数是用 6 个骰子掷出来的，五位数是在一张写有从 10000 到 20000 的数字的塑封纸上）。整节课，同样是没有一个同学走神，也没有一个同学捣乱，大家都在根据自己的情况做练习。

那么，请小蚂蚁们猜猜看：他们准备的直尺和计算器是用来干什么的呢？

12点15分到12点50分，是最后一节音乐课。这里有专门的音乐教室，墙上贴了一些乐队和歌手的照片，其中一个乐队的乐手就是从这所学校毕业的。在这所学校里，每个同学都要学会一门乐器，这和我们小蚂蚁班是一样的。我想，小蚂蚁交响乐团中也一定能诞生出未来的音乐家吧。就像于莉老师 Homestay 中的那个男孩，每周都有两个早上要提前一个小时到学校练习吉他（要单独收费）。而你们，每天都要练习半个小时，比他们的练习时间还要多呢！课堂上，老师和同学都席地而坐，老师先询问上周学习乐器的情况，然后和同学们讨论如何表演，有的孩子说要通过肢体语言来表现音乐，有的说要更多地理解音乐。接下来，老师放一段音乐，让孩子找节奏，听听是几几拍的，并用自己的方式把节奏打出来。跟着老师，同学们一会儿拍手，一会儿拍地，一会儿拍膝盖。有一个男孩特有意思，听到弱拍的时候，就轻轻拍自己的脸——这不是捣乱，而是用自己的方式去表现。老师放了两段不同的音乐，一个是强拍起，一个是弱拍起，让同学们去找不同的节奏。节奏把握了之后，同学们就站起来，通过各种动作把这些节奏表现出来——这正是老师和同学们一开始讨论

的问题。他们表演得好极了！尤其是一个短发女孩的动作，就像舞蹈一样优美。看她跳的时候，我就想起了卞轶琳和李韶丛，她们都是多么热爱舞蹈啊！在这个过程中，学生们先是自己练习，然后依次两个人一组，四个人一组，再分成两大组，最后全部同学围成一个大圈跳。我们也被他们丰富精彩的表演感染了，不自觉地融入了进去。节奏是音乐的灵魂，你们以后要用心地去感受。

　　1点钟，我们回到休息室开始吃午餐。老外都是各人吃各人的，我们中国人喜欢聚餐，就把各自带的午餐放在一起。一个澳大利亚的老师走过来，笑着说我们好像是在野餐。即便是吃午饭的时候，大家也都非常安静。

　　1点50分，下午第一节课开始。这是一节自由阅读课。我发现，五年级孩子的阅读能力，和你们相比差远了！只有很少的几个孩子在读大部头的英文小说，大部分孩子还停留在阅读桥梁书①的层次上。所以，我挺自豪的，我们的语文课可比他们强多了！

　　① 桥梁书指介于图画书和纯文字书之间的一种图书类型。优秀的桥梁书具有针对儿童不同阅读水平的显著指向性。

　　2点半左右，是第二节课（中间没有休息时间）。这节课是他们学校的特色课程，叫"Inquiry"，意思就是咨询、发问、调查，然后写研究报告。我发现，每个同学的桌子上都有一本阿德莱德的地图册，还有一本作业本，上面有自己画的阿德莱德的地图，还有各种研究报告。上个星期他们不是去观察了吗？今天首先是汇报，每个人根据自己的观察提出问题，然后大家一起探讨。顺着他们走过的那条河，大家在地图上找到了阿德莱德，又找到了河流旁边的其他岛屿，并根据地图比例，计算出阿德莱德到各个岛屿的具体位置。我旁边的这个小女孩特别可爱，一天下来，我

发现她做什么事情都很认真，作业也完成得相当出色。他们班里有一个智力有障碍的男孩，第一节课自由阅读的时候，她就和那个男孩坐在一起，一直在帮助他阅读。我觉得很有意思，就想拍个照，可她马上走过去和我说，不要拍照，因为那个男孩很害羞。我觉得很抱歉，连忙向她表示感谢。恰好她的同桌没来，我就坐在她旁边，和她一起完成测量——我什么也没做，只是看着她测量，她每一次的计算都非常准确。因为这是最后一节课，我们也没来得及问老师，这个课题到底怎么进行，同学们如何写研究报告。我在想，三年级下学期，我们就可以进行这样的综合学习了。这样的学习，对每个人可都是挑战啊！当然，你们是喜欢迎接挑战的，对不？

这次到 Rose Park Primary School，我们四位老师不管到哪个教室，都会送一份有中国味的礼物给老师，以表示对他的感谢。放学前，于莉老师送给这个班的班主任一幅学生的画，朱老师带了很多中国结，也送给每个孩子一个——他们好开心啊！

放学后回到 Homestay 中，女主人 Suzi 也回来了，我用英语和她交流了一会儿，告诉她我们今天听了哪些课，不会说的单词我就用肢体语言来表示，她竖起大拇指对我说："Your English is better！"意思是你的英语越来越好了。呵，这一表扬，我也很开心呢！我们的晚饭很丰盛，咖喱鸡肉米饭和咖喱鸡肉面条，我夸 Suzi 做得好吃，她也非常开心，让我带些作为明天的午餐。因为同行的张老师怎么也吃不惯这些食物，我就说还是带面包吧。Suzi 听了马上从椅子上蹦起来，打开冰箱告诉我，明天早上可以用肉和蔬菜自己做三明治。你们瞧，友情就是这样开始的！

今天的信好长啊！和爸爸妈妈一起读，一起讨论信中的问题。我从邮箱里看到你们的回信，真是开心，好多小蚂蚁改写了诗送给我，而卞轶琳则用诗的语言，描述了美丽的家乡，真是好啊！李韶丛在信中告诉我，这几天最忙的就是图书管理员了，因为小蚂蚁们迷上了阅读，边中玺一次借了两本厚厚的书，两天就

读完了一本，真是好啊！提个建议，以后写信，要学会用细节来描述你的想法或者你们的生活。

祝你们每天都有不同的收获！

常丽华

2011 年 11 月 15 日星期二

王文翰写给 Ms 常的回信

亲爱的 Ms 常：

您好！

一下子收到您长长的两封信，Ms 曹都带着我们在课堂上读过了。您在信中提到了不少问题，我就来回答几个吧。您问我们如何看待澳大利亚孩子的健身课，我认为读书固然是好事，但是我们不可以成为读书的机器。俗话说得好，身体是革命的本钱，就比如说牛顿啊、居里夫人啊等等那些大科学家吧，做起实验来，在实验室里一待就是好几天，如果没有好的身体，能吃得消吗？我将来也要像牛顿、爱因斯坦那些科学家一样为人类服务，那么没有好的身体，是绝对不行的！所以，我坚决支持上健身课。

　　您还问我们会不会反思一下自己，其实，一收到您的信，我就开始反思了。我发现自己平时说话太随便，想说什么张嘴就来，一点都不考虑后果，而且我说话声音太高，一点都不绅士。不仅仅是这些，我还经常脱离集体，比如我经常和您发生冲突，都是因为我太自我造成的。其实，每次和您吵完架，我都后悔莫及，可是下一次，我还是控制不住自己，还得和您吵。唉，一个人想改掉坏习惯真是非常困难啊！我必须改了，再不改，我就不是小蚂蚁了！为了避免这样的事情连续发生，我就必须有一个监督人，每当我出现这种情况时，就要提醒我。亲爱的Ms常，您愿不愿意做我的监督人呢？

　　好了，Ms常，问题就先回答到这儿吧，我该说一说弹琴的事了。今天去上钢琴课，钢琴老师表扬我弹得非常好，我一听，觉得很高兴。但是，老师也指出了我的问题，那就是：基本功不扎实，太浮躁。钢琴老师还说："王文翰啊，你将来如果真想成为科学家，就必须养成细心的好习惯。你现在通过弹钢琴来改正你的不良习惯，当你将来成为真正的科学家的时候，你肯定会感激我的！"Ms常，我的坏习惯就是粗心啊！粗心的人是干不成大事情的，您可要时时监督我啊！

　　Ms常啊Ms常，我在您的信中感受到了太多震撼，澳大利亚的孩子不论上什么课，都能保持绝对的安静，可是我们——

36 只小蚂蚁——怎么就做不到呢？就比如那一次查体吧，一听说要查体，很多孩子又蹦又叫。不就是查个体吗？这有什么可怕的呢？只有极少的小蚂蚁保持了安静，比如说我吧，听说了要查体，就安安静静地坐在座位上，非常淡定。所以，我对您信中提到的澳大利亚的孩子们非常佩服，澳大利亚的孩子们就是我们的榜样！

Ms 常，我对他们的数学课也挺感兴趣的，我觉得他们的直尺应该和我们的一样吧，因为阿拉伯数字是国际通用数字啊。您问我们直尺是做什么用的，那还用问吗？直尺当然是测量某种物品的长度呗！那么计算器应该是，怎么说呢，应该是对某种物体的长度进行计算，对不对？

Ms 常，在您的信中，我能清清楚楚地看到您和那个金发碧眼的小姑娘坐在一起（因为我的视力据说一个 0.2，一个 0.4）。看到这个小姑娘，我就仿佛看到了孙孟泽，那个小姑娘也是那个班里的领袖吧！因为她那么机灵，那么聪明，那么善良，您也看到了她帮着那个男孩一点一点地测量地图比例，难道她不是我们的榜样吗？

咦，Ms 常，您怎么在学校里穿着短袖衣服？哦！我想起来了，澳大利亚那边正是春夏之交哩！但是，Ms 常，等您回来之后，可别把中国当成澳大利亚！您知道吗，我们现在已经穿上厚厚的大长袍了！如果您下了飞机还穿着短袖衣服的话，那么您立刻就变成老冰棍了！！！

Ms 常，一想到您还有三天就回来，我快高兴死了！因为这么长的时间没见您，我都忘了您长什么样了！

Ms 常，您回来后，看到的将是一个全新的王文翰！

祝 Ms 常年轻永远！

您最亲爱的外甥：王文翰

2011 年 11 月 17 日

常老师点评：

　　因为网络原因，这两封信孩子们同时收到。王文翰说到的反思，源自我信中提到的"道德六阶段"。根据科尔伯格和冯友兰的理论，新教育研究中心的干国祥老师绘制了我们自己的儿童人格发展图谱。实行经济制度，就是要在这个游戏中让孩子懂得要捍卫规则，但同时也引导孩子，你可以走得更高一些。王文翰虽然说已经反思了自己，并要我监督他，但事实是，这对他来说太难了。从澳大利亚回来之后，我们之间仍然冲突不断。成长不是一蹴而就的事情，我相信，只要我们一步一步地依据道德人格发展的梯度去设计课程，人格教育就不会成为一句空话。

王书嘉写给 Ms 常的回信

亲爱的 Ms 常：

您好！读到您的信真是开心，因为您不仅让我们看到了澳大利亚小学生的学习生活，也让我们看到了很多和他们不一样的地方。他们写研究报告，还真有点像您带领我们观察大自然后做写绘呢！

您知道，我和王文翰是最要好的朋友，今天，我们俩一块儿骑自行车了，我们很开心、很快乐、很尽兴，忍不住要向您描述一下。我们到了美丽的太公湖，蓝蓝的天，绿色的湖水，轻松的游人，风景好美啊！我先骑，我骑得可快了！我还能玩花样呢！我站着骑、单手骑、双腿分开骑，王文翰不停地给我加油。轮到王文翰骑了，他仍然很生疏，但我没有嘲笑他，也没有得意洋洋，我觉得作为好朋友，我应该帮助他，所以，我把我的窍门告诉他，还给他作示范：比如骑车起步时，先把左脚踏板踩到最低点，然后右脚快速起步，这时候，车子如果向一侧倾斜，就尝试让身体向相反方向倾斜来保持平衡，或者利用车把保持平衡，以掌握方向。王文翰练得很刻苦、很认真、很努力，虽然最终骑得仍不是很流畅，但还是很有收获，我在心里默默为他加油，真正的好朋友就应该互相帮助，您说是吧？

亲爱的Ms常，我还想向您描述一件事情。今天，我眼睛得了结膜炎，像小白兔的眼睛，红红的，很难受，什么时候能好啊？我心里很委屈。妈妈的眼睛里装满了心疼，比平时温柔了不少。这时候，我突然想吃香喷喷的烤地瓜，妈妈无比爽快地说："在家等着，我一定给你买回来！"等了好久，妈妈提着热气腾腾的烤地瓜回来了，我毫不客气地抓过来就啃，还埋怨妈妈为什么这么久才回来。妈妈说，外面下着蒙蒙细雨，她本来认为超市里肯定有，结果却是出人意料的没有。她赶到另一个小区，仍然空手而归。妈妈又赶到闻韶早市，还是没有！妈妈为了不让我失望，最后跑到区医院才把地瓜买回来。原来是这样！妈妈为了让我吃上地瓜，冒着雨跑来跑去，而我，连声谢谢都没有，还埋怨妈妈，我觉得好惭愧啊！所以我很郑重地对妈妈说了句："谢谢老妈！"吃着地瓜，忽然想起语文课本上的一首诗：

慈母手中线，

游子身上衣。

临行密密缝，

意恐迟迟归。

谁言寸草心，

报得三春晖。

您经常说，每一首诗都和我们有关，这不，这首诗表达的，就是妈妈此刻对我的爱啊！

亲爱的Ms常，这个周末，我们过得很愉快，祝愿您也开心、快乐！

想念您的王书嘉

2011年11月17日

常老师点评：

王书嘉，小蚂蚁班最具影响力的孩子之一。他是常务班长，管理班级井井有条，说话不卑不亢。他和王文翰同年同月同日生，从小在一个小区里长大，又碰巧到了一个班，两个孩子就结拜为兄弟了。和王文翰的莽莽撞撞相比，王书嘉更加成熟、大气，但这两个孩子都极为纯粹，尤其是在对知识的热爱上。

路钧皓写给 Ms 常的回信

亲爱的 Ms 常：

您好！

您的上一封信问的问题我都回答了，就是关于"袜子"的问题，您的答案太出乎我的意料了。我竟然认为是在讲解"水的净化"，我的回答是不是很滑稽？哈哈！

您说墨尔本的学生每天早上有 15 分钟的班会课，我觉得真是太浪费时间了。"一年之计在于春，一日之计在于晨"，早上的时间是非常珍贵的，所以我还是喜欢小蚂蚁班的晨诵，每天早上用诗歌唤醒黎明，感受诗歌的乐趣，让我们的每一天都有一个快乐的开始！我们读了金子美玲的诗，穿越了顾城的诗歌，又进入了谢尔的诗歌之旅。而墨尔本的学生把这宝贵的15分钟浪费掉了，多么可惜呀!

您说他们的第一节课是健身课，健身是非常好的，让我们精力充沛，但我认为这个时候健身不太合适，因为早上是记忆力最好的时候，应该学些文化课，如果改在下午，当我们感到学习累了的时候再去健身，那样会更好。但是我非常赞同的是他们在运动时也遵守规则、安静有序，半个小时的健身就让他们大汗淋漓，说明没有一个人是偷懒的。想想我们上体育课，有些小蚂蚁总是很随便，做不到有秩序，我真觉得脸红。

您让我们猜直尺和计算器的作用，我只知道计算器一定是来计算的，或者是来验证自己做的题是否正确，而直尺是用来做什么的我没猜出来，难道是用来测量的? 测量什么呢? 我想了半天也没想出来。等您回来了告诉我吧。

说到他们的音乐课，我很喜欢他们那种自由学习的方式，他们用各种动作把节奏表现出来，我们音乐课的节奏都是用拍手来表现，而不是这样丰富的动作表演。

您说到三年级下学期，我们就要写研究报告了，我觉得一定很难但也一定非常有趣，我喜欢这样的挑战，所以从现在开始就要学会观察。期待着这一天快点来到。

我老妈在小蚂蚁班上课的这几天，我们的钱越来越少，我觉得她对我们的要求太严格了，奖金很少，罚金却很多。我打算听妈妈的话，要不工资真的就要被扣光了，当然，我也想让我妈这只大猎豹温顺一些。

　　对了，昨天我终于借到了《哈利·波特与火焰杯》，真是太幸运了，我迫不及待地读了起来。我觉得这本书的每一章节都很精彩，虽然一个章节里面只配有一张图画，我感觉这本书就像是被施了魔法一样吸引住了我，作者可真了不起，她写出了世界上发生不了的事情！比如，书里面描写了一个老师，那就是霍格沃茨魔法学校黑魔法防御术课教师疯眼汉穆迪。他长着一只很大的眼睛，两条木头假腿和两只爪子一样的脚，真是奇

丑无比。但他却有很厉害的防御术。像这样神奇的描写在这本书里比比皆是。Ms 常，您说晓晓姐姐是"哈迷"，我现在也成"哈迷"了！

亲爱的 Ms 常，我也给您写了一封长长的回信，您喜欢吗？快点回信告诉我吧！

想念您的路钧皓

2011 年 11 月 17 日

常老师点评：

敲下路钧皓的名字，我就忍不住想笑。他只要一见到我，就会一下子把我抱起来——这个大力士，心理年龄却小得很。下课后没有人和他玩，他就撅着嘴巴去找我："没人和我玩。"我哭笑不得："你去和人家玩啊！"他一脸无辜："我和人家玩，人家也不和我玩。"说话的语调，还像幼儿园的孩子。我就带他去男孩子堆里。这样的故事反复几天，他就能融入进去了。我女儿四年级迷上哈利·波特，他现在三年级就已经沉浸其中了——一代更比一代强啊！他妈妈告诉我，为了写这封千字信，他也是煞费苦心了！

2 5 5 4 0 0

写给小·蚂蚁们的第十二封信

Rose Park Primary School 第三天

常丽华

亲爱的小蚂蚁们，亲爱的晓晓：

你们好。

路钧皓发短信给我，说他写了一封很长很长的信，我真是开心。文字又黑又小，可是会魔法的你们啊，把这些文字放在一起，一个个奇妙的故事就诞生了，一封封承载着你们情感的信就出炉了——文字，真的是你们通往自由之境的通道啊。

先来公布上封信中问题的答案：直尺用来比着画竖式计算的横线，计算器是用来验算的。你猜对了吗？他们对作业的工整程度要求也很高哦。

我们今天的听课安排很轻松，主要有两项内容，一是看学校管弦乐队的练习，同时还有另外一所学校的乐队也会过来，两个乐队组合在一起，11 点钟有一个给高年级同学听的小型音乐会。二是了解一下上封信中提到的 Inquiry 课程。

今天还要把你们写给澳大利亚学生的信，送给昨天听课的五年级的学生。为了让他们能了解你们，我昨天晚上做了一个 PPT，每张图片上都写了解释，并让爱娃翻译。没想到，今天给爱娃看后，她坚持要把介绍的每句话都用英文写下来，还说，这就是一个小小的演讲，她要用最准确、最生动的语言把我们中国的孩子介绍给他们。我很感动，没想到她会这么重视。爱娃说，从中国出来后，她才深刻地感受到"我是一个中国人"这句话蕴涵的意

思。虽然她现在已经有了澳大利亚的绿卡，也就是说，她已经成为澳大利亚公民了，但骨子里，她依旧是一个中国人。

9点半，管弦乐队的练习开始了。还是在昨天学生们上健身课的地方（类似于金茵小学的体育厅）。这是他们的活动厅，也是音乐厅，使用频率很高。我们进去的时候，所有的椅子和谱架都放好了，乐队的孩子鱼贯而入，很有秩序地坐好，在老师的指挥下进行练习。不一会儿，另一个学校的乐队也在老师的带领下来了。两个学校的学生组合成一个乐队，大约有30多个人，两个指挥轮流带着学生训练。呵，感觉真是好极了！音乐，是最好的语言。两个学校的同学，彼此之间虽然不是很熟悉，但凭借着音乐，他们成为一个乐队，共同演绎着音乐的美妙。

11点，演出正式开始。观众们仍旧席地而坐，40分钟的演出，真是棒极了！他们还表演了照片中这位音乐老师自己谱的曲子呢！看着他们，我心里想的是你们。一年之后，我们小蚂蚁班的室内交响乐团就有这样的演出了吧？我期待着。大家平时可要好好练习基本功啊！

在澳大利亚，音乐就像他们深爱着的大自然一样，不需要刻意的装点，更不会为了什么考级啊、比赛啊之类的去训练。可是在我们中国，艺术往往成了手段——考级是为了高考加分，有些学校的乐队就是为了去参加一个什么比赛从而给学校拿回一个奖杯，这样艺术的本质就都丢掉了。小蚂蚁班将来的交响乐团应该是——就如今天我看到的一样——享受音乐，创造音乐，让生命因为音乐而抵达美好。

有一首小诗，我非常喜欢，送给你们——

我和谁都不争，

和谁争我都不屑；

我爱大自然，

其次是艺术；

我双手烤着

生命之火取暖；

火萎了，

我也准备走了。

　　大自然和艺术，就是我们的生命之火啊！把你的热情和精力，投注到这些伟大事物中，然后你会发现，那些鸡毛蒜皮的小事，实在没什么意思。

　　今天另外一个收获是了解了这所学校的 Inquiry 课程，这个课程，等到三年级下学期你们就会有所了解，这里就不再说了。

　　记住啊——让你的生命之火，燃烧得更旺一些吧！

常丽华

2011 年 11 月 16 日星期三

王心仪写给 Ms 常的回信

亲爱的 Ms 常：

　　您好！

　　今天这封信，就聊聊大自然吧。

　　前几天伴随着一场小雨，冬爷爷来到了我们身边。小雨过后我们去了金茵小区，观察季节的变化。

　　我们先去观察了五角枫。它已经褪去了绿色的裙子，换上了黄色的外套。一片片枫叶像一枚枚邮票，似乎要把我们的思念寄给远在澳大利亚的 Ms 常。风一吹，黄黄的五角枫就沙沙地响，它在说："冬爷爷来了，小蚂蚁们，冬爷爷来了！"原来，五角枫是冬爷爷的小助手，它正帮冬爷爷传话呢！我们抓起一大把叶子往地上扔，飘飘洒洒地，像下了一场黄色的大雪，引来了同学们的阵阵欢笑。

五角枫给我们带来了很多的乐趣，银杏树呢，就更好了。捡上一把叶子，一圈一圈地往外绕，我的手中很快就绽放出一朵美丽的黄玫瑰，让人爱不释手。黄黄的银杏叶像一把把小扇子，风一吹，它们就摇一摇，摇来了更浓的冬天气息。

亲爱的Ms常，您还记得您临走时给我妈妈发的短信吗？"妹妹，替我抱抱心仪哦！"妈妈已经做到了，拥抱的时候，我心里立刻充满了温馨和快乐。谢谢您，Ms常！

Ms常，您不在的日子我也不在，因为我生了很长很长时间的病，直到这个星期三才回到我们的小蚂蚁窝。在生病的日子里，我每天除了打针，主要的任务就是看书。那套国际大奖小说我已经读了一大半了。尽管读了不少书，可我并不自豪，因为知识是没有边界的，需要自己不断地努力。您说，对不对？

提起打针，Ms常，我实在是太痛苦了。不仅是针扎到皮肤里很痛，而且我的手太胖了，就连最有经验的护士阿姨也很难找到合适的血管。好容易扎上针，又要时刻注意别鼓了，上厕所都得小心翼翼的，真的是太痛苦了。以后我一定要好好锻炼身体，再也不要去打针了。

Ms 常，我好想您啊！每天都盼星星、盼月亮地盼您早日归来！

您的心仪

2011 年 11 月 19 日

常老师点评：

　　心仪啊，这个蕙质兰心的女孩子！这张照片，来自于小蚂蚁班的颁奖典礼。每个学期结束，我们都要举行语言艺术节及颁奖典礼。语言艺术节上，我们要回顾整个学期走过的旅程，孩子们要展示他们的语言

艺术之路。而颁奖典礼，则来自于鄂尔多斯罕台新教育小学的创意。以班级为单位举行的颁奖典礼，是要为每一个生命颁奖；生命奖的颁奖词，就是一个孩子一个学期的叙事。二年级上学期，心仪获得的生命奖是"蕙质兰心"——这是独属于她的一个词语。怎样的蕙质兰心呢？从这封信中，我们就能看到这个孩子的聪颖与美好。

卞轶琳写给 Ms 常的回信

亲爱的 Ms 常：

您好！

您在信中说到了艺术和大自然，那我就跟您说说艺术和大自然吧。

暑假的时候，我们去福建省厦门市鼓浪屿游玩。我们去了钢琴参观室，那里的钢琴真是琳琅满目、应有尽有。而且，那里的钢琴五颜六色：有黄的、红的、淡紫的、黑的、白的。据说，有的钢琴还有几百年的历史呢！中国是不是也很有艺术的气息呀？

说完了艺术再说说大自然。首先，我们这里四季分明。春天，大地妈妈又换上了新的绿外套，花儿也从大地妈妈的怀抱里钻了出来，一个个的脸上都带着微笑，好像在说："春天来啦，我们又可以呼吸到新鲜的空气了！"

夏天，河边的柳树又长出了新发，在波光粼粼的河面上照镜子。河水弟弟说："柳树姐姐，你的头发就像丝绸一样，好美呀！"

秋天，树上的叶子都告别了树妈妈，自由自在地飞了下来。俗话说得好，秋风扫落叶，不用清洁工。是啊，风一吹，所有的树叶都飞到了空中去跟蝴蝶做游戏了。

冬天，也就是我最喜欢的季节，大地会披上一层银装，房屋也被调皮的雪弟弟给包起来了，就连雪人的脸上都有了一丝微笑……

而且啊，和杨艺佳一样，我也有一双了不起的耳朵呢——

春天，我听到柳树发芽的声音，听到花儿绽放的声音。

夏天，花儿长大了，唱出动听的歌声，跳出动人的舞蹈，把大地妈妈都给迷住了。

秋天，我仿佛听到了树叶落到地上的声音，还听到了树叶宝宝们娇声娇气地说：

"妈妈，我要吃奶！"

"我也要。"

"我也要吃。"

冬天，天空中飘起了雪花，小雪花落到我的手心里，我听到它说："你的手心里真暖和啊，我要融化了。"我本想跟它说再见，可是，还没来得及，它就在我的手中消失了。

亲爱的Ms常，只要我们热爱自然、热爱生活，就能发现身边的美好。您说是不是？

祝Ms常在澳大利亚过得愉快！

想念您的卞轶琳

2011年11月18日

常老师点评：

　　卞轶琳，真是一个艺术的宠儿。她的一颦一笑，一举手一投足，都无比优雅而美丽。所有听过她朗诵的人，都会赞叹不已：她怎么就能那么真切地理解每一个词语，并能贴切地用声音表达出来呢？

2 5 5 4 0 0

写给小·蚂蚁们的第十三封信

Rose Park Primary School 第四天

常丽华

亲爱的小·蚂蚁们，亲爱的晓晓：

你们好。

今天一早去学校，校长就送我们一人一本他们学校的纪念册，一支钢笔，还有一瓶红酒。朱老师笑着说，他们学校昨天开全体教师会议（全校只有 270 个孩子，二十几个老师，校园比金茵小学还要大），老师们一定都反映我们很懂礼貌了——只要我们听课，离开前就一定要送一份小礼物给老师和同学，表示我们的感谢。所以，校长也就送礼物给我们喽。

中国人的礼尚往来这句话，看来还是真理啊。

根据学校的安排，上午 9 点钟，我们先看了六、七年级一起上的舞蹈课。在 Rose Park Primary School，有三门课是每天都要上的：英语（相当于我们的语文）、数学和体育（包含了健身、舞蹈等各种活动项目）。他们对运动的重视，的确是我们不能比的。我问过学校的几个孩子，周末喜欢做什么，他们都说喜欢踢球。我住的澳大利亚家庭中，他们 16 岁的女儿，每个周末都要拿出至少半天的时间玩棒球。就在昨天下午，她 3 点放学后还参加了学校的棒球比赛，一直到 6 点才回家。Rose Park Primary School 的校长介绍说，他们学校下午放学后，也会有一些球类练习，教练都是家长自愿来担任的。

运动会让生命充满活力，你们认为呢？我在想，我们下学期的体育课程，一定会更丰富一些的。

看了半个小时，我们又去一个四年级的教室。这个班的老师病了，有一个代课老师在。教室里乱糟糟的，环境乱，学生也乱：学生不知道上什么课，代课的那位老师也没说。

这可真是一件很糟糕的事情。如果班主任不在，学生就乱糟糟的话，就说明这个班级的学生还没有达到自律，只是停留在道德的第一个层次呢。同时也说明，这个班主任的工作没有做好。

小蚂蚁班呢？我不在已经有两个多星期了，你们是不是安静而有秩序？

按照我们的约定，10点左右，我们来到了前天跟班的那个班，通过PPT，我要把你们介绍给他们，把你们的信送给他们。

这个班的学生，我一眼就能看到的两个特点是安静和有序。我一插U盘，马上就有一个男孩走上来，帮我找到文件，然后打开。估计，这个男孩就是班长了——你看到他坐在最前面了吗？小蚂蚁班的小班主任和班长会有这样的意识吗？

开头，我就用了几句简单的英语：

My name is Chang Lihua. I am happy to meet you. I would like to introduce my class to you.

然后，我就请爱娃来翻译。爱娃真是认真啊，每一句话都工工整整地写了下来。我用了70多张幻灯片，一一介绍了我们小蚂蚁班。当爱娃说到你们热爱读书，已经平均读了 300 本书时，在场的老师和同学们都惊讶地睁大了眼睛。当他们看到你们游泳的照片，看到你们《木偶奇遇记》的表演时，更是惊异不已。他们也有一些童话剧演出，但是一个班的学生能全部参与，还是没有的。瞧，你们也很是让他们羡慕呢！

　　我把你们的信交给了老师，也把边子娴的四幅画送给了他们。老师说，明天在我离开的时候，就能把他们的回信给你们带回去啦！

　　我非常喜欢这个班级的学生，希望以后你们真的可以成为好

朋友。

11点半，我们又和校长交流了很多问题，一直说到了1点钟。

下午有高年级的保龄球课，我没去看，因为今天是我们同行的于莉老师的生日，我想悄悄做一个PPT，给她一个惊喜。你想啊，在异国他乡，如果赶上过生日，谁会不想家呢？我们作为一个团队，就应该让她感到温暖。所以，我就一个人待在休息室，选了十几幅于莉老师的照片，还选了一首诗，都做进了PPT中。40分钟后，他们回来的时候，我刚好做完——当然，我谁都没告诉哦，秘密嘛，一定要到最后才能揭晓。

今天，我们也约好了到朱老师的Homestay中一起包水饺吃。为了这顿水饺，我们昨天在唐人街买了肉、菜、酱油、醋、调料等一堆东西，于莉老师和张老师各自从国内家里带了一根擀面杖——容易吗？这千里迢迢的！但是，这是我们中国文化的一部分啊，我们要让老外尝到香喷喷的中国水饺！回到Homestay，我们就分工合作，和面的，择菜的，切菜的，真够忙活的。看我们包水饺，这些老外也跃跃欲试，别说，还包得像模像样呢！

水饺包完后，我悄悄把爱娃叫到一边，给她看我做的PPT。于莉老师怕给人家造成麻烦，嘱咐我们谁都不要透漏。但这怎么行呢？在这个特定的日子里，于莉就是今天的主角，她应该得到所有人的祝福。我把意思说给爱娃听，爱娃也非常赞同。她悄悄地对三个家庭的主人说了这件事，大家都约定要给于莉老师一个惊喜。

仍旧是先吃水饺。老外特可爱，一个劲地夸水饺好吃，摸着肚子说饱了饱了，但还表示很想吃。吃完后，收拾餐桌时，我注意到，这家的女主人进了储藏间，关上了玻璃门，我发现她正在里面点蜡烛——真是细心啊！爱娃招呼大家坐下来吃甜点，然后女主人捧着自己烤的面包出来了，上面插了几根蜡烛，她喊"1——2——3"，大家一起喊"Happy Birthdy"，于莉一下子就

呆住了！接着，她的眼泪就刷地流了下来！她抱着女主人，连声说谢谢——那一刻我知道，我的决定是正确的。

该对着烛光许愿了。老外的习惯是，许下三个愿望，但是前两个愿望要说出来，最后一个愿望就放到心里。于莉的前两个愿望，当然就是感谢和祝福——每一个字啊，她都是含着眼泪说出来的。

当我打开电脑，把生日诗送给她——就像你们过生日，我读诗给你们听一样，她开心地抱着我，几乎都要跳起来了！

在场的每一个人，都被这种真挚的情谊感动了。大家互相拥抱祝福，祝福于莉，也祝福我们的友谊地久天长。

你不觉得，这样的一天很有意义吗？

祝每天愉快！

常丽华

2011 年 11 月 17 日星期四

潘禹轩写给 Ms 常的回信

亲爱的 Ms 常：

　　您好！

　　看了您写给我们的几封信，我对您在信里说的玫瑰花园小学五年级的班级，印象特别深，也非常想跟他们做朋友，永久礼尚往来下去的朋友。因为你在信里提到了"礼尚往来"，所以我便通过词典了解了这个词语的含义。

　　您在信中提到，澳大利亚的小朋友非常注重在体育方面的锻炼，这让我非常敬佩。可我们这方面做得还差得很远，所以我决定要加强练习。这几天我已经每天晚上在家跟爸爸做 60 个

仰卧起坐、10个俯卧撑了，还跟妈妈比赛立定跳远，因为妈妈总是说我随她，胳膊短，弓腰扶不着地面，所以，我们也在慢慢地练习当中。

——亲爱的Ms常，您告诉我们，您那边有个班级，老师生病了，只有代课老师在，教室里竟然就乱糟糟的，环境乱，学生更乱，更可笑的是老师竟然不告诉学生上什么课！在咱们班里，这种事情是百分之百出现不了的。您不在的这段时间里，我们上课更是安安静静的，一点儿声响都不敢出，就连羽毛落地的声音也能够听得见（因为Ms曹扣班币扣得可狠了！）。这段时间，我们都能够在课上认真听讲、积极发言，我的数学课代表这一工作也做得比原来好多了。

——Ms常，告诉您一个秘密哦！我会煎鸡蛋了！昨天晚上，我和王昊宇通过妈妈的指导，自己在厨房里下起厨来。唉！第一次煎鸡蛋，对于我们两个来说，实在太困难了。比如第一步，打鸡蛋。第一枚，我和王昊宇把它打到了地板上。第二枚就更倒霉了，王昊宇往墙角上稍微碰了两下，正准备往碗里打的时候，扑哧一声，蛋液被捏到了天花板上。在煎鸡蛋的时候还稍微好点，唯一的出错是在用铲子翻蛋的时候，我们太高估这三枚鸡蛋的重量了，由于用力过猛，铲子一下子碰到了抽油烟机，太险了！不过，我们都还平安无事。呵呵，就这样，当我们把自己亲手做的香喷喷的煎蛋端到妈妈面前时，生病的妈妈感动得泪花四溅，直夸我们长大了。我们心里也美滋滋的！

噢，还有哇，Ms 常，别忘了也代我们捎去对于莉老师的祝福哦——

Ms 于，HAPPY BIRTHDAY！

爱您的潘禹轩

2011 年 11 月 18 日

常老师点评：

才智过人的潘禹轩，语言的那份灵动活泼，是他独有的。像他的第一封回信：

您刚刚走了两天，我好像已经变成了 99 岁！那么，如果您走了一个月，天呀，我们不就成了土地里的老头儿、老太太了嘛！（可您还不到 40 岁呀！）Ms 常，您知道吗，Ms 曹"大老虎"，一口吃了的钱至少要有 2000 元呢（Ms 曹这只大老虎比您这头犟牛还爱吃钱）！

收到您的信，我好像马上从土里跳出来似的，变成了一个 8 岁的小男孩儿！我也写了一首诗："床前明月光，老师受了伤，蚂蚁来看病，小鸟来上针。"这就

是我写下的《思亚常》(思念远在澳大利亚的 Ms 常),
要是您不读，哦，我还是回到土里吧！……

这些语言很另类，这也是一个不太爱按常规出牌
的孩子，他常常带给我很多难题——也正因为如此，
很感谢上帝把他带到我面前，让我看到生命有多么
丰富。

王语彤写给 Ms 常的回信

亲爱的 Ms 常：

您好。

看到您给于莉老师过生日，我就想起您给我们小·蚂蚁过生
日的情景。我们也都很想给您写生日诗呢，您能告诉我们您的
生日是哪一天吗？我们的自画像都贴在后面的小·蚂蚁窝中，您
也应该把您的自画像贴上，您说是不是？

现在，我们班已经有很多小·蚂蚁在编故事了，因为文字是
通往自由之地的通道啊。我也开始写《爱丽的故事》(Ms 常注：
这个故事是语彤用好长时间才完成的，为了保持故事的完整，
我就放在一起了)了——

第一章　魔毯

很久很久以前，在大海的深处，生活着一群快乐的小·鱼，他们都非常喜欢读书。有一条叫爱丽的小·鱼，总是有很多与众不同的想法。一天，爱丽说："我要是有魔毯就好了，就像书上说的那样，想去哪里，就去哪里，那样，我就可以周游世界了！"

这话正好被坐在旁边的小·鱼美儿听到了。美儿说："我看过一本书，上面说：只要你做了三件好事，魔法师就会出现，他会给你你想要的东西。"

"那怎么做好事呢？"爱丽问。

　　"比如说你帮助人啦，说谢谢啦、对不起啦，这都算好事。"美儿说，"但是，这三件好事必须连着做，要是中间你做了错事，比如说打人啦、骂人啦，就得重新开始！"

　　"魔法师什么时候出现呢？"爱丽问。

　　"当你真正忘了你做了三件好事会得到他的礼物的时候，魔法师就会突然出现在你面前。"美儿说。

第二章　做好事

　　爱丽这就开始做好事，爱丽看见可爱在织衣服，便说："我来帮你织衣服吧！"可爱说："你会织衣服吗？""不会。"爱丽不好意思地说。可爱说："那我教教你吧！"可爱耐心地教着爱丽，终于，爱丽学会了。可爱说："你别给我织得太丑了！""好的！"爱丽说。爱丽织啊织，终于织完了，但不幸的是，她真的织得一塌糊涂！小丁看见了，嘲笑她说："哈哈！你织的衣服可真难看！"爱丽大声叫道："我刚刚学会，笨蛋！"接着他们俩吵了起来，吵得不可开交。

　　过了一会儿，可爱回来了，说："你给我织的衣服怎么这么难看！以后再也不要给我织衣服了！"可爱把衣服一把拿走了，爱丽这才想起来自己骂人了，看来爱丽又得重新开始做好事了。

第三章　忘记做好事

　　爱丽又开始做好事。

爱丽看到小可正在看书，就打断她说："喂，小可，你看的什么书？"小可不耐烦地说："我看什么书关你什么事？"爱丽又大声地说："我就是想问一问。"不一会儿，她俩又争吵起来，差不多吵了半个小时！她们都口干舌燥，回家喝了好几杯水呢！爱丽再次意识到自己又骂人了，看来又得重新开始了。

这一次，她可是小心谨慎了。爱丽有一道题不会做，就让可爱来教自己，爱丽终于会了这道题，连忙说："谢谢。"这次，爱丽只是随口说出来的，其实，她已经做了第一件好事了。

第二天，爱丽和她的伙伴们去了游乐场。游乐场的卖票处，排着长长的队，因为太挤了，爱丽不小心踩了一个阿姨的脚，爱丽连忙说："对不起！"这也是爱丽随口说出来的，她已经做了两件好事了。

一天，爱丽看见李伯伯正在种树，爱丽好奇地问："李伯伯，你为什么种树？"李伯伯回答："你是不知道，咱这儿的全民种树比赛要举行了，要选出又高又美的树！"爱丽问："我可以帮助你吗？"李伯伯说："当然可以。"他们一起种了树，并且爱丽每天帮助李伯伯给小树浇水、施肥。比赛上，虽然没有拿到第一名，但是，参与是最重要的。

渐渐地，爱丽学会了帮助别人——可她已经忘了自己是在做好事了。

第四章　魔法师出现

　　一天夜里，爱丽睡着了，她已经忘记了做好事这回事了。突然，她觉得有人在拍自己的脑袋，便醒了。爱丽看见一个好大好大而且会飞的人，很害怕，她结结巴巴地说："你……你是谁？"魔法师高傲地说："我？我就是法力无边的魔法师！快说，你想要什么礼物？"爱丽说："原来我想要一个魔毯，可是我想了想，必须得为他人着想，现在我的愿望是：让全世界的人幸福、平安，让每个家庭快乐无比！"魔法师感动地说："好！我这就帮你实现这个愿望！嘿——变！你的愿望实现了！我要走了，善良的孩子，再见！"爱丽说："再见了。"

　　这个魔法真灵，你瞧，至今，世界上都没有发生战争！

　　Ms常，您喜欢这个故事吗？我真希望自己能写出更多更好的故事，就像林格伦那样，写出来的故事一个字一个字排起来，能绕地球一周呢！

　　祝您在澳大利亚过得快乐！

　　　　　　　　　　　　　　　　　　想死您的语彤

　　　　　　　　　　　　　　　　　　2011 年 11 月 18 日

常老师点评：

　　　　没有什么要求，孩子们就这样一个个地写起故事来了，因为这是一件值得所有人尊重的事情。班级文化，就是这样形成的。爱丽的故事，就是语彤自己的故事。发现内心深处的那个自我，找到意义之所在，这是书写的力量。语彤妈妈说，真没想到，女儿故事的结尾不是要什么玩具啊、芭比啊之类的，竟然爱及天下——孩子的心，大着呢。

2 5 5 4 0 0

写给小蚂蚁们的第十四封信

Rose Park Primary School 第五天

常丽华

亲爱的小·蚂蚁们，亲爱的晓晓：

你们好。今天，是在 Rose Park Primary School 的最后一天了。上午的活动结束后，我们就要去南澳教育部集合了。一早在学校集合，爱娃走进来时，突然之间，我觉得很舍不得她。这些天，我看到她的辛苦，也看到她在异国他乡的孤独——将心比心啊，看到她，我就会想到晓晓姐姐，很心疼。但是，有什么办法呢？自己选择了这条路，就要坚定地走下去。爱娃告诉我，周三晚上我们在一起吃饭时，校长夫人（前面我提到的那所以数学和科学见长的高中的校长）曾经问了她一个问题，让她很不舒服。她大学的专业是会计，这是一个移民大学生常选择的专业，校长夫人问她喜不喜欢这个专业。爱娃说，她很清楚地知道，校长夫人希望听到的答案就是不喜欢。校长夫人的学校是一所国际中学，那里就有中国学生，中国学生的选择往往是父母安排好的，所以自己一般不会太喜欢。但是，爱娃非常坚定地告诉她，自己非常喜欢，而且目标就是进"四大"（世界上最好的四个会计师事务所）。校长夫人一听，马上就对她竖起了大拇指。

无论在哪里，都要让自己强大起来，成为最好的一个。这是我对爱娃的期望，也是我对自己、对晓晓姐姐、对你们的期望。

上午 10 点之前没有安排听课，我就代表四位老师给南澳教育部写了一封信，表达了我们对爱娃的感激，也表达了对南澳教育部精心安排的感激。我觉得，这是一种礼节，也是我们能回报爱娃的唯一方式。我在文档里插入了页面颜色和页面边框，让爱娃用学校的彩喷打印机打出来，漂亮极了！我们都注意到，当爱娃拿着打印好的信回到休息室时，眼圈是红的——她也一定是被感动了吧？

　　然后，在爱娃的帮助下，我们又给Homestay写了一封英文感谢信——如果有一天你也走出国门，一定要让外国人看到中国

人的彬彬有礼。

　　做完这些事情之后，我们就到七年级去听了一节数学课。这节课是围绕着"自由生活"这个主题进行的，老师让学生想象，如果自己是一名大学生，应该如何安排自己一周的开支，并列出十项省钱的方式。学生们学习的方式很多：有的通过网络来查阅资料；有的通过画图来表现自己需要的东西；还有的就直接拿着商店里常见的物品价格表，一一列出自己需要购买的物品……能够运用知识解决问题，这是我此次澳大利亚之行最大的收获之一。以后，你们就慢慢明白了。

　　11点，根据事先的约定，我到周二跟班的五年级教室去拿他们写给你们的回信——这是最让我吃惊的一个场面。

　　一走进教室，学生们都亲热地和我打招呼："嗨，Ms常！"仿佛我们是非常熟识的朋友。大家都席地而坐，台上站着五位同学——他们代表全班同学把信和礼物送给我。挨我最近的那个中国女孩，叫李小凡，她是青岛人，到澳大利亚已经有三年的时间了。她爸爸特意从酒庄买了一瓶红酒让小凡送给我们——"我们都是中国人"，此刻，我再一次感受了这句话的力量。小凡做了一个大大的信封，把同学们的信都装了进去。中间那位金发碧眼的女孩，还把一个挂链挂到我脖子上。另外的几个孩子，也分别画了精美的画，让我给你们捎回去。

亲爱的小蚂蚁们啊，如果我没有把你们的故事介绍给他们，如果你们不够卓越，我是不会赢得他们这份热情的。他们的回信，大多用了一天的时间——因为佩服，所以才用心啊！

等我回去，你们就能看到写给你们的信了。

两周的学习结束了，明天就要飞往悉尼。的确有些想家了，但也有些舍不得。毕竟，这里留下了友情和真诚。如果有缘，希望小蚂蚁们能在小学毕业之前到这里看看，看看这片我用文字描

述出来的土地，看看这些未曾谋面的朋友。

祝你们度过一个愉快的周末！

常丽华

2011 年 11 月 18 日星期五

王馨苞写给 Ms 常的回信

亲爱的 Ms 常：

您好。

祝贺您的学习结束了，这也意味着您马上就回来了，我们就能见到您了！当然，我真想快点读到澳大利亚学生给我的回信啊！

您建议我们周末去爬爬山，呼吸一下大自然的气息。前几周去爬方山，我的印象最深刻了！

是为了我们吗？那天的天格外晴朗，格外蓝；那天的花儿也格外灿烂，绽开了她们缤纷的笑颜。经过一个多小时的路程，我们来到方山脚下。方山可真高啊，看着都在云彩上面哩！我们顺着弯弯曲曲的小路往上爬，一开始，我们几个小伙伴还和爸爸妈妈一个速度往上爬，可是爬着爬着，我们就把妈妈们远远地甩在后面了。瞧，路边的野花还开着，为了迎接我们的到来，野花们扭动着身子，为我们舞蹈。我忍不住采了几朵，放在鼻子底下闻了闻，啊，真香啊！那是野外大自然的清香。我真想编一个花环，让野花的精灵飞舞到我的头上，可是路太陡了，我们不敢在一个地方停留太久，只能遗憾地放弃了。

　　野餐本身就是很诱人的一件事，更何况是在山上。松树给我们撑起了遮阳伞，石头给我们支起了饭桌和凳子。铺上桌布，摆上带来的食品，不用我说，您都能想象出我们的吃相：狼吞

虎咽、一扫而光……半天的爬山，也的确是饿了呀。吃过饭之后，我们先举行背诗比赛，顾城的诗一首首背下来，我们的劲头可大了。您知道为什么吗？因为谁先背过了谁就先上吊床！我当仁不让，第一个就背过了，王语彤、王思远紧跟在我后面。我躺在吊床里，微风吹得脸痒痒的，睁开眼，从枝叶间看蓝天、白云，白云好像近得可以用手抓到，阳光从枝叶间随着树的摇动，偷偷射过来和我游戏。我赶紧闭上了眼睛，听听大自然的声音吧，有风声、树声、鸟鸣声……

养足了精神，下午开始了真正的爬山之旅。因为我们没有走正规的路，要在没有路的地方走出一条路来。要想到山顶，我们就不得不爬上悬崖峭壁，后面的人推着前面人的脚和屁股，前面的人还得手脚并用，爬上去后再回过头来拉后面的人，简直就是惊心动魄、惊险刺激啊！一不小心，就有可能跌入山崖。我的腿打着哆嗦，心里却暗暗地说：不要害怕，不要放弃，一定要爬到山顶！我们都是第一次爬这么险的山，王思远吓得眼圈都红了——想哭，却没哭出来。就这样，一步步往上走，我们终于到了山顶。回头一看，红叶似火，真是无限美景在眼底啊！

这次爬山，是一次征服自己的过程，虽然很累，但我很自豪，因为我战胜了自己！

Ms 常，等您回来的时候，您就会发现，您的爬山速度，已经不如我们啦！

想念您的王馨迤

2011 年 11 月 19 日

常老师点评：

真是这样啊，从澳大利亚回来之后，和孩子们去爬山，速度真不及他们了。馨迤的语言，一如既往地干净、通透。

2 5 5 4 0 0

写给小·蚂蚁们的第十五封信

如此导游

常丽华

亲爱的小·蚂蚁们，亲爱的晓晓：

你们好。

有一句话叫"爱之深，责之切"，作为一个中国人，我深深地热爱着自己的国家，热爱着自己脚下的这片土地。但是，在澳大利亚 20 天的时间，看到一些人，一些现象，如鲠在喉，不得不说。

从阿德莱德到悉尼，主要是观赏悉尼的风光，有一个来自中国的导游带着我们，他说他姓隋，英文名字叫杰克。第一天，他的态度很不好。我们刚从悉尼下飞机，就看到了他——头发竖着，穿着牛仔裤，吊儿郎当的样子。帮我们往车上装行李时，他拉着个脸，仿佛我们欠了他的钱，真是郁闷。后来我们才知道，因为我们一下飞机就要再坐 5 个小时的车去首都堪培拉，他很不喜欢这样的行程，嫌太颠簸劳累了（我虽然也不喜欢，走马观花的旅行是很乏味的，但这是一个集体，我们必须服从安排，所以，我们都是开开心心一路走下来的）。一上车，他就介绍自己的名字，说我们都可以叫他杰克。我们都很不屑：你以为你是谁？你带的是中国人哪！

我们都叫他隋导。

他从中国的西南财经大学毕业后，去澳大利亚的大学读了两年研究生。他说他不过就是为了那个毕业证，所以大学也没学什么东西。我很不喜欢他的这种态度，学习就是为了一个证书吗？怪不得他一身痞子气！

对待我们，他全然一副不屑一顾的样子。在堪培拉，不管是去看战争纪念馆，还是去看国会山，他都是把我们放在门口，说个集合时间就不管了。这样的导游，实在不负责任！想想看，我们所到之处都是英文，如果没有导游的讲解，我们能看懂多少呢？有了澳大利亚的绿卡，他的血液里流淌着的，就不是中国人的血液了吗？他的父母，还都在中国呢！

第二天回到悉尼时，已经是晚上了。吃过晚餐，他说了一段让所有人都觉得心里堵得慌的话："晚上，大家可以到悉尼街头走一走。悉尼是一个很有秩序的城市，走在街上，你永远不用担心会有小偷。在悉尼，唯一没有秩序的地方是唐人街。Chinatown，当心，里面的东西也是假的。"

呜呼！

唐人街也叫中国城，是中国人在其他国家城市或地区聚居的地方。在那里，有中国的餐馆、中国的超市……我看过一则报道，在美国纽约，唐人街也是最没有秩序的地方之一。难怪很多有良知的中国人到了国外，会痛心疾首地说一句：中国人，你为什么不争气？

我也要忍不住说一句：隋导，你为什么不争气？不是说家丑不能外扬，而是你的语气里透出的，就是一种不屑。这是我们无法忍受的！

无论身在哪里，你能忘记自己的母亲吗，即使你已经远离了她？

无论你贫穷还是富贵，你能厌弃你的母亲吗，即使她的身上沾满了污泥？

隋导，我看不起你！

除了鄙夷，我也告诉自己：让自己强大起来，让每个小蚂蚁强大起来，让晓晓姐姐强大起来。这样，当我们走出国门的时候，就能以强大的力量，让每一个外国人都对我们刮目相看。

说到这里，我又想到了在墨尔本的两天。那两天，也是由当地一个中国导游带着我们游览。他姓张，是上海人，我们叫他张导。他在墨尔本有 8 年的时间了，那里的角角落落他都很熟悉，所以，我们一路旅行还算愉快。但最后一顿晚餐，却让每个人倒了胃口。我们的早餐是入住宾馆的西餐自助。我喜欢坐在窗口，早上的阳光透过窗户照进来，享受着咖啡、香肠、牛肉、甜点、沙拉、水果等美味的食物，觉得生活真是美好极了。早餐后出去游览，走到哪里吃到哪里，就都是中餐了。有些中餐馆很干净，也会有老外去吃饭。有些专门接待中国游客的中餐馆就显得拥挤、吵闹，服务员也爱答不理的，好在口味是中国的，大家也没觉得太大的别扭。最后一顿晚餐是吃火锅，整个大厅里都是火锅的味道，大家开开心心坐下来，一个老师惊讶地发现火锅里竟然有餐巾纸！然后大家相继发现了蔬菜上面活生生的虫子！叫来老板，一个矮矮的男人，他的态度极不友好，给大家换了新的火锅，大有一副爱吃不吃的样子。我吃不下，就来到室外，看到张导跷着二郎腿坐在一把椅子上，或许他根本就没吃吧。他知道这是一家很不卫生的餐馆？张导、隋导、这家火锅店的中国老板，为什么对自己的同胞那么不友好？在外国人眼里，中国人到底是什么形象？

有人说，没有出国，不会有切身的比较；没有比较，就不知道我们和别人的差距。亲爱的小蚂蚁们，我们应该成为一个什么样的人，一个什么样的中国人？

这个问题，值得我们好好思考。

写这封信的时候，我已经和你们在一起了。我期待看到你们的回信。

常丽华

2011 年 12 月 9 日星期五

王文翰写给 Ms 常的回信

亲爱的 Ms 常：

　　您好！

　　唉，不争气的中国人啊！这到底是怎么一回事呢？

　　就先说说那个隋导吧。在澳大利亚努力学习，就是为了那个破毕业证而已，结果你看看怎么着，他竟然不遵守规则了！我们作为中国人，走出国门代表的就是祖国母亲啊，而不是个人的形象！

　　无独有偶，Ms 常啊 Ms 常，一个中国的奥数尖子生，即将被录取为常春藤学府的学生，但是，教授和这位奥数尖子生进行了一番对话后，这个学校毫不留情地放弃了这位奥数尖子生。

　　"你为什么要学习？"教授问。

　　"为了挣钱呀！"奥数尖子生说。

　　"为什么挣钱？"

　　"为了周游世界！"

　　"你为什么要周游世界？"教授一直不停地追问。

　　"为了买大房子呀！"

　　"你为什么要买大房子呢？"教授有一些怀疑了。

　　奥数尖子生究竟输在哪里呢？因为常春藤学府已经作了非

常明确的规定：学习成绩占 40%，综合素质占 40%，而个人价值观占 20%。显然，这位奥数尖子生输在了个人价值观上。和隋导一样，这个奥数尖子生是一个"自私鬼"，他们努力学习的目的只是为了挣钱和享受，他们心里只装着自己。像这种没有责任感的人，是没有人喜欢的！

Ms 常，并不是所有的中国人都不争气，像隋导和奥数尖子生这样的人毕竟是少数，而大部分中国人还是爱国者！钱学森这颗巨星，就为祖国立下了不朽的功勋！

钱学森被誉为"中国导弹之父"。他在美国麻省理工学院留学时，和导师卡门一起开始了火箭与超音速飞机的大型研究，卡门发现 30 岁的钱学森是一个理科尖子生。就在这时，新中国成立了！刚刚准备回国的钱学森遇到了美国政府的阻挠，也就是说，钱学森不能回国了！甚至，有一个叫金布尔的海军上将说："无论走到哪里，钱学森都值五个师！我宁可枪毙他，也不能让他离开美国！"美国人深知钱学森能推动中国科技的发展，这样，美国人就有可能打不过中国了！可是钱学森立志要回到中国报效祖国。钱学森经过了 6 年的抗争，才回到了中国，并开始了对中国航空事业的研究，终于使中国成功发射了第一枚航空运载火箭。如果他当初只为了享受，怎么能为国家作出这么大的贡献呢？

Ms常啊，不但大人物爱国，小人物也具有爱国的本领啊！妈妈给我讲了这样一个故事：在一个旅游景点，一个外国人将一枚中国硬币扔到了地上，并且用脚踩了那枚硬币。这时，旅游景点的一个保安走了过来，不卑不亢地说："你去把那枚硬币给我捡起来！"

"你为什么要让我捡起来？"这位外国人用轻蔑的语气问道。

"因为那枚硬币上有中华人民共和国的国徽，而你踩到了它，这对中国人来说，是多么大的侮辱啊！"这位保安不慌不忙地解释道。

"你是好样的！"外国人冲中国保安竖起了大拇指，然后乖乖地捡起了那枚硬币。

我们究竟输在了哪里？Ms常啊Ms常，我觉得我们每一只小蚂蚁都必须要从小做起，做一个胸怀祖国、放眼世界的小蚂蚁。只有这样，我们的国家才会强大！

祝亲爱的Ms常永远如春，永不衰老！

您最亲爱的外甥：王文翰

2011年12月12日

常老师点评：

　　王文翰这篇文章，可谓丝丝入扣，不知道花费了多长时间！他对语言的把握，以及在书写中情感的升华，千金难买啊！而中心句、过渡句、总结句的应用，已经是非常纯熟了。

齐子骏写给 MS 常的回信

亲爱的 MS 常：

　　您好！我也非常同意您对隋导的看法。隋导作为一个中国人，看不起自己的同胞，他光有名牌大学的毕业证，却没有好的学习态度，这不是真正的优秀。我真为他感到脸红，他的行为非常恶劣，也非常愚蠢。

　　少年强则国强，我们——36 只小蚂蚁们——会让我们的祖国因为我们而更加强大！我们会让中国熠熠生辉！让世界为中国骄傲！当我们走出国门，外国人会说："哇，这是中国人！"

　　MS 常，接下来我就和您说说我们看的电影《极地特快》吧。

　　有一个小男孩不相信有圣诞老人，平安夜的晚上，他怎么也睡不着，突然听到了火车的声音。他穿着睡衣跑了出来，发现门口停着一辆火车，上面写着"极地特快"。当列车长问他想不想坐火车时，他犹豫了。火车开走的那一刻，他又决定坐上火车——那是一辆让他学会"相信"的火车，那是一辆让他学会帮助别人的火车，那是一辆让他一辈子都能听到银铃声音的火车。那是一辆奇妙的火车，我们 36 只小蚂蚁也乘坐上了这辆火车，和那个小男孩一起，经历了一场惊心动魄的旅程。

我们和他一起，拉下了紧急刹车，帮助了一个贫穷的小男孩坐上了这辆火车；我们和他一起，不顾一切地去拿那个女孩的车票；我们和他一起，穿过了世界上最陡的山坡，惊叫着，也欢呼着……

因为一场意外，我们来到了北极的礼物中心，惊奇地发现，世界上所有小孩的礼物都聚集在这里，而且，做礼物的圣诞小精灵能看到任何一个孩子。那些调皮的孩子，那些贪得无厌的孩子，如果被圣诞小精灵发现，就得不到礼物了。

多么不可思议啊！这么说，我在学校的表现，在家里的表现，圣诞小精灵都看到了？我对着星空许下的愿望，圣诞小精灵也听到了？

哦，圣诞老人，冬爷爷，他们是真的存在的！

最激动人心的时候到了，圣诞老人的到来，让整个北极都沸腾起来！圣诞老人要选一个孩子，送出他的第一份礼物。那个小男孩被选中了，他竟然只要驯鹿身上的一个银铃，因为他想让大家知道，圣诞老人是存在的。遗憾的是，因为他的衣服上有一个洞洞，在坐上火车的时候，他突然发现银铃丢了，他伤心极了，这可是圣诞老人的第一份礼物啊！

第二天早上，他得到了一大堆礼物，最后，他的妹妹发现了一个小小的盒子，打开来一看，竟然是那个丢掉的银铃，里面还有一张纸条，写着：我刚要走的时候，发现了你丢掉的银铃，以后可要记得把那个洞洞补一补哦！署名是"圣诞老人先生"。

他拿起银铃摇了摇，听到了清脆的声音。他的爸爸妈妈过

来，也拿起银铃摇了摇，却什么都没听到。很多年之后，他的妹妹也听不到银铃的声音了，但是，他却一直能听到。因为，他相信，这个世界上是有圣诞老人的。

这就是圣诞精神。

相信，就存在着。

不相信，就消失了。

"相信"，这也是小·男孩车票上的字。因为我相信有圣诞老人，我就收到过他的礼物。现在，圣诞节又要到了，我期待着，我的愿望成真！

亲爱的 Ms 常，也祝您梦想成真！

爱您的齐子骏

2011 年 12 月 12 日

常老师点评：

子骏极其聪慧，我女儿喜欢叫他"小顽童"。爱玩、会玩，是他的特点。数学天才，小提琴拉得好，酷爱阅读，写出来的文章，又透着男孩子语言中少有的那种灵气——简直就是一个超酷小男生！

李韶丝写给 Ms 常的回信

亲爱的 Ms 常：

　　您好。

　　看到您的来信，我很高兴，看了信的内容又有些难过。一个中国人，走在街上，坐在家里，都在不属地吵着中国有多少不足之处。可是为什么不想想，怎样让中国变得完美，怎样让中国成为一个伟大的国家，怎样让每一个中国人在世界的各个地方，都能抬起自豪的头呢？这些都是要从我们每个人做起的，每个人都努力做到高贵、强大，而不是抱怨。我们小蚂蚁也要做到礼貌、耐心、环保、努力学习，让中国变得更强大，因为中国的未来是靠我们的。

　　Ms 常，我自从成为小蚂蚁班的一员，就想成为一个小女巫。因为，我一直相信有魔法存在，有冬爷爷存在。看了电影《极地特快》，我更加相信有这种神奇的魔法。

　　这个故事是这样的：有一个小男孩，他不相信有冬爷爷。平安夜的晚上，他踏上了去北极的特快列车。他们在车上经历了重重危机之后，来到了北极！北极光照着整个北极。他和其他两个孩子落队了，看到了别人没有看到的景象，看到了圣诞礼物是怎样生产和包装的。最后，他们回到了等待冬爷爷出现的地方。终于，冬爷爷出现了！小矮人们和孩子们还有列车长一起高声欢呼。冬爷爷选了那个小男孩，作为第一个接受圣诞礼物的人。小男孩左看看、右看看，最后他选中了一个美丽的银铃。为什么小男孩要选一个小小的银铃呢？为什么不要一台电视、一台电脑，或是一台照相机呢？因为小男孩的心灵是自由的、美好的、向上的。最后，要上车了，列车长给了他们属于自己的词语。那个小男孩的是"相信"。为什么是"相信"呢？因为小男孩终于相信冬爷爷的存在了，他也得到了一份美好的礼物。坐上火车，他们安全地回家了。他和妹妹一起听银铃的响声。可是，他的爸爸妈妈却听不到。小男孩能听到铃声，直到永远，因为他相信美好事物的存在。

　　Ms常，如果让我坐上"极地特快"，属于我的词语是"自然"和"魔法"。"自然"，是因为我从来不乱扔垃圾，我热爱大自然，喜欢植物，从来不害怕小动物，而是超喜欢它们。"魔法"是因为我会变魔法，好几次都成功了。所以"自然"、"魔法"是属于我的词语。

　　Ms常，今年我对冬爷爷也许下了一个美好的愿望。我想成为一个小女巫，是因为我想有魔力帮助自己改正错误，实现自己美好的愿望。因为我本来就会魔法，所以只要一套小女巫的衣服就好了。怎么来证明我会魔法呢？就说"神奇光盘事

件"吧。那天，妈妈给我买了个光盘，我特开心。我迫不及待地想知道光盘的内容，就把光盘使劲掰出来。可是，光盘一下子被掰裂了。我哭着找妈妈，妈妈也为我难过。我想了想，最有用的办法是魔法。于是，我就用起了魔法："朵拉、萨拉，变变变！"我又来到阳台，向四个季节的神诉说。过了两三个月，我就把这事忘了。直到丁子轩来的那天，我想起来拿给他看，却惊讶地发现，光盘变得完好无损了！我把光盘给妈妈看，她也不相信自己的眼睛。还有"彩虹之光"魔法。有一次练琴超级不顺利，我就采了两粒种子，放到一个矮柱子里。然后闭眼向前走七步（因为彩虹是七种颜色），同时在心里说："朵拉、萨拉，变变变，彩虹之光给我能量。"于是当天晚上练琴时，就非常顺利了。妈妈说："你还真神呢。"还有一次，妈妈要出差，我不想让她去，于是我就悄悄施了一个魔法，又请求冬爷爷帮忙。最后由于没买上车票妈妈果真就不去了。我的魔法是不是很厉害啊？

　　我是上一年级时才相信有冬爷爷的。因为我的书包本身就很重，所以，我想要一个轻一点的书包，里面是紫色，外面是红色。我还想要一只小白兔。平安夜，奇迹真的出现了！我起床时看到了毛茸茸的小白兔和新书包！我又惊讶，又惊喜！上二年级时，我想要两本公主书。平安夜，我得到的不是我想要的那两本，而是更好看、更精美的公主书！我好开心。我现在确信有魔法，有冬爷爷。

　　当你找到自己时，你会发现，世界如此美好，生活如此美好，生命如此美好。

　　祝亲爱的Ms实现自己全部的美好愿望！

　　　　　　　　　　　　　　　　　　　爱您的李韶丛

　　　　　　　　　　　　　　　　　　　2011年12月12日

常老师点评：

　　每个周五下午是我们的电影课。这一周看的是《极地特快》——因为圣诞节快到了。过了三年级，由浪漫期向精确期过渡，孩子们就知道冬爷爷是怎么回事了。那时候我就要和他们一起读《彼得·潘》，看《重返梦幻岛》的电影，孩子们会知道，每个人都会长大，但只要相信，童话就会世世代代流传下来。韶从是如此相信冬爷爷——圣诞节的早上，她果真得到了冬爷爷送她的女巫帽子和衣服。这就是生命的浪漫与丰盈啊！

2 5 5 4 0 0

写给小·蚂蚁们的第十六封信

走马观花看悉尼

常丽华

亲爱的小·蚂蚁们，亲爱的晓晓：

你们好。

最后一封信，拖了好久了。

无论是堪培拉还是悉尼，都是走马观花——这是我最不喜欢的旅游方式，总是为了赶一个景点，不断地往前走，然后拍照留念。旅游，也成了一种形式。真正的旅游是让自己的心沉静下来，用全部身心去呼吸那里的空气，用眼睛去看另一个自己不了解的世界。就像到了悉尼，我最向往的，是能到被称为西方艺术圣殿的悉尼歌剧院看一场演出——即便语言不通，可艺术是相通的呀。悉尼歌剧院，那可是世界三大剧院之一啊。想象一下吧：坐在蒙着红色皮套的弹簧椅上，你脚下的地板和头顶的天花板是上等的黄杨木和桦木制成的，舞台上有两幅法国织造的毛料华丽幕布——一幅图案由红、黄、粉红三色构成，犹如道道霞光普照大地；另一幅由深蓝色、绿色、棕色组成，好像一弯新月隐挂云端。舞台灯光有 200 回路，由计算机控制。还装有闭路电视，使舞台监督对台上、台下情况一目了然……在这样的环境里，欣赏着世界顶级的演出，会是什么感觉？

遗憾的是，我们只能在歌剧院外面溜达一圈，感叹一下它的外形结构的巧夺天工。

所到之处，真如蜻蜓点水。老师们开玩笑说，悉尼两天的旅程，只有两个关键词：坐车睡觉和下车拍照。虽说如此，悉尼也给我们留下了深刻的印象。

堪培拉是安静的，虽然它是首都，但没有车水马龙，也许是因为这是一座新建城市的原因吧。墨尔本古典优雅，阿德莱德小巧精致，悉尼则是一个繁华的大都市，到处高楼林立，灯光闪烁。

黑色的悉尼大桥和白色的悉尼歌剧院相互映衬，美不胜收。宏伟威严的悉尼大桥如一把巨大的弯弓，纤巧秀丽的悉尼歌剧院则如几叶白帆，两组建筑，形成了悉尼港湾独有的风情。我坐在游轮的甲板上，任海风吹过脸颊，看游船从大桥下穿过，看歌剧院离我们越来越远，心里竟也不禁怅然若失——不知道这一次的错过，是不是一生的错过。

邦迪海滩上，洋溢着生命的气息。邦迪海滩是悉尼最漂亮的海滩之一。细细的沙子，轻柔地抚摸着你的双脚；海浪打上来，又退下去，沙滩干净得就像被清洗过一样。正值春夏之交，邦迪海滩上有很多享受日光浴的人——把皮肤晒得黑一点，是他们最喜欢的。最让我心动的，当然是那些冲浪的人。此时的海滩上，有在风口浪尖上翻滚着的，有一次次被海浪打下来又一次次踏上冲浪板的，还有三五成群准备与风浪搏击的冲浪者——他们享受着大海给予他们的一切，阳光、沙滩与风浪，这也是他们对大海的热爱吧。

　　这个周五下午，我们一起去拔萝卜，这是一次多么难忘的旅程啊。澳大利亚的学生可没有这样的经历。周末，就把这个过程写下来吧。写了这么多信，600字以上的文章应该不在话下了吧，还有很多小蚂蚁也肯定会挑战1000字的文章吧。

　　期待着你们的精彩。

常丽华

2011年12月23日星期五

拔萝卜

刘宗妮

　　盼星星，盼月亮，终于盼来了今天——拔萝卜的日子。

　　周五下午，Ms常和几位叔叔阿姨开车带我们去朱台拔萝卜。下了车，我们眼前出现了一片无边无际的萝卜地。我迫不及待地要下地去拔萝卜，可是到了地里一看，萝卜都被人拔完了。这时几个男孩在田地的深处一边招手一边喊："这里有萝卜！这里有萝卜！"我们迅速戴上手套，穿上鞋套，一蹦一跳地到了地里，生怕把已经挖出来的萝卜踩坏。

　　我和小心仪合作劳动，一开始我负责拔萝卜，并把萝卜秧子拔掉，小心仪负责把萝卜上的土撸掉。我们不停地拔着，干得不亦乐乎，不知不觉就拔了满满一袋子。看着自己的战利品，我俩真是高兴极了。这可是我们第一次下地干活呀！我们一点也不累，干得乐此不疲。

　　更有趣的是，几个男孩子在萝卜坑里发现了一只田鼠。男孩子们招手喊着："快来看啊，这里有只老鼠！"周凯扬一边走过去，一边说："也不想想，田里哪来的老鼠，肯定是田鼠！"哇，周凯扬真是知识渊博，令人敬佩呀！我们也跑过去看，可惜，我们到的时候，田鼠已经钻进洞里，没影了。这让我想起了《拇指姑娘》里那只想娶拇指姑娘的田鼠，这只田鼠是不是《拇指姑娘》里的那只田鼠呢？拇指姑娘会不会在这只田鼠的窝里呢？我们等待着田鼠的出现。突然，田鼠从洞里"哧溜"一声蹿了出来，像在冰上滑动一样，速度极快。齐子骏迅速追了上去，拎着田鼠尾巴，把田鼠吊起来，并把它放到了张岷阿姨面前，张岷阿姨尖叫着跑了出去，比田鼠出洞的速度还要快。Ms常说："谁再玩那只田鼠，我就扣谁的工资！"齐子骏赶紧把田鼠抛得远远的，那只田鼠已经被齐子骏晃晕了，趴在萝卜秧子上一步也走不动了。

　　从萝卜地里走出来，我的鞋上沾满了泥巴，杨艺佳和张梓琨的鞋上也是泥巴。杨艺佳指着不远处的一片田地说："那是不是棉花地？"我们跑过去一看，真是一片已经采摘过的棉花地，枝上还有一些没摘完的棉桃。我们摘了些棉花，团成团，把鞋擦干净。大家见了也和我们学。摘棉花时，我发现棉桃里是一瓣一瓣的，像桔子瓣，撕开以后，里面是棉花，摸着软软的，有一点湿，我又闻了闻，有一种香香的味道。我告诉了卞轶琳，卞轶琳也闻了闻，我俩异口同声地说："是柿子的味道！"

这真是一次有趣的经历。我们知道了萝卜怎么拔，棉花怎么摘，我们还知道了张岷阿姨的胆子原来比田鼠还小！

拔萝卜

边子娴

今天是星期五，是我们小·蚂蚁班举行拍卖会的日子，也是我们体验拔萝卜的日子呢！

我们早就期待去拔萝卜了！举行完了拍卖会，3点钟，我们就和爸爸妈妈们准时出发，开车来到朱台镇。经过了一段坑坑洼洼的"水泥"路之后，就到了萝卜地，好大一片萝卜地呀！小·蚂蚁们一下车就迫不及待地往前跑，谁知，刚下过雪的地里好黏！我们鞋上踩的都是泥，拔都拔不出来了。这时候，几位

有先见之明的妈妈拿来塑料袋，帮我们套在脚上，又拿来手套给我们戴上——全副武装之后，我们就"冲"向了萝卜地。

我们首先拉起胡萝卜的梗子，用力一拔，就拔出一个又大又肥的胡萝卜！一个接一个地拔，可真过瘾啊！胡萝卜奇形怪状的，我拔了一个像手指一样的，又拔了一个像猪蹄一样的，还有人拔的萝卜跟人参果一样呢！

小蚂蚁们和爸爸妈妈们都拔得不亦乐乎，各自拿着自己装萝卜的袋子，拔起胡萝卜，掰下梗子装进袋子。还有的小蚂蚁不会用力，用力一拔，只是拔断了胡萝卜的梗子，但是胡萝卜还是在地里，我们就用手把胡萝卜周围的泥土挖开，萝卜就出来了。还有的长得很深拔不出来，只能把胡萝卜掰断。我们都在用力地拔，不一会儿工夫，原来一个个瘪瘪的大袋子，都"吃"得圆滚滚的了！

胡萝卜是装满袋子了，但是怎么运出去呢？好重啊！这可成了难题了！我们就两三个小蚂蚁抬着一袋吃力地往外运，爸爸妈妈也来帮忙——不知道是谁用胡萝卜缨子给我们铺出了一条路，走的时候就不会双脚都陷在泥里了。这个办法可真好啊！

天太晚了，太阳落山了，月亮都升上天空了，我们又要经过那段坑坑洼洼的路，一路颠簸地回到学校了。我们拿上书包，来到了一个小饭庄，妈妈们用胡萝卜包的羊肉水饺、鸡蛋胡萝卜水饺真香啊！我们真正实现了从田园到饭桌只有一步之遥的梦想。

啊！真希望下一个周五还有这样的活动！

冬爷爷的礼物

刘皓天

冬天来了，听说冬爷爷要送给我们两份神秘的礼物。今天

我们要去看看到底是两份什么礼物。

　　下午，我们来到了那个神秘的地点。咦？这只是一块普普通通的菜地啊，并没有礼物呀！仔细一看，噢，原来礼物就藏在地下呀！它们是火红的萝卜。我们赶紧去拔萝卜。哎呀！怎么走不动了？原来是鞋上沾了泥巴，忘记套塑料袋了。我很快就套上了塑料袋，冲向萝卜地。

　　我、李可心、李雅静组成一个小队，我们拔萝卜可带劲了，拔了一袋又一袋。你想知道我们是怎么拔得这么多的吗？告诉你吧，我们是分工合作——李可心劲大，所以负责拔萝卜、掰断萝卜梗；李雅静力气小，就负责传递萝卜；我负责装萝卜。我们拔呀拔，好像永远不累似的。藏在泥土中的萝卜不断地减少，而我们身边的萝卜可是越堆越多。

伴随着一阵阵笑声，一个个萝卜娃娃穿着红色的外衣被我们从地里解放了出来。虽然衣服上沾满泥土，但看到每个萝卜娃娃都长得那么可爱，那么讨人喜欢，我们的疲劳就一扫而光了。

就这样，我们找到了第一份礼物：热火朝天拔萝卜。

我们继续寻找第二份礼物。

那是在星期四下午，我们在 Ms 常的带领下来到小·刘家的广场。在那儿，我们堆了一个大雪人，名字叫"森林雪孩子"。你想知道森林雪孩子是怎样诞生的吗？首先，我们自己做雪球，然后把雪球都集中在一起成为一个大雪球，先做身子再做头，然后给雪孩子加些装饰。因为他的名字叫森林雪孩子，森林是绿色的，所以要有绿色。恰好，不远处有两棵冬青树，我们就摘了许多叶子给雪孩子做头发。我们还找到了两个红果子，安上就是眼睛啦。我们又找来一根又短又粗的树枝，插在眼睛下面，就是鼻子了。至于嘴巴嘛，当然是用一根细细弯弯的树枝啦！我们找来了很多红花瓣，有的当雪孩子的红脸蛋，有的当

纽扣，花瓣的用处可真大呀！

就这样，森林雪孩子就有了生命了！

堆完雪人，我们玩起了游戏。男女分成两队，女孩子在一个区域，男孩子在一个区域。男孩子很快就开战了，雪球漫天飞舞。女孩子们觉得打雪仗会伤人，就玩起了踢雪。我们围成一个圆圈，大家拿起一块雪一起喊"1——2——3"，用脚一踢，雪"啪"地一声就碎了，在空中飞舞的雪花非常好看！我们正玩得高兴呢，Ms 常说该回去了，我们只好依依不舍地离开了。

——这就是我们找到的第二份礼物：酣畅淋漓在雪国。

冬爷爷，谢谢你的礼物，是你的礼物让我们得到了快乐！

下次的礼物会是什么呢？我期待着。

拔萝卜

王昊宇

寂寞在不断地消失，快乐在不断地继续，因为我们要开始小蚂蚁班第一次拔萝卜啦！

先是 Ms 常带我们去牛台镇，准备到那儿的某个地方去拔萝卜。一下车，我不禁惊叹：这里有数不完的红萝卜，有的胖乎乎的，有的像面条一样细，还有的像拇指姑娘一样小！我刚向萝卜地里迈出第一步时，地上的泥土就像铁丝一样把我拉了下去，居然还把我的鞋子弄得脏兮兮的，像狗的小爪子一样脏。我就像兔子似的跑到了车边，一点一点地穿上了鞋套，又像兔子一样跑回了萝卜地！

走进萝卜地后，我就看到了很多躺在那里的萝卜——我还以为可以随便拿呢，可我也奇怪了：这是拔萝卜还是捡萝卜？经过 Ms 常的提示我们才知道，这些萝卜不能拿，因为这是一些农民拔的，不是我们拔的。然后我们就又一次像兔子一样往前跑，来到了一片没拔的萝卜地里。

　　你瞧，萝卜缨长得高高的、绿绿的，在微风中跳着舞，好像在欢迎我们呢！一开始，我们这里拔一点，那里拔一点，顿时萝卜缨断了很多。可是，我发现卞轶琳只在一个地方拔，怎么也断了很多呢？再一看，原来她是斜着拔呀！这样，萝卜缨当然还是被拔断了！我就试着往上拔，而且要连着粗茎一块儿向上拔，稍一使劲，萝卜娃娃就被拔出来了！

　　对了，Ms 常，我要告诉您一件有趣的事情。我在拔萝卜时，有一棵萝卜非常难拔，费了我好大力气，终于拔出来了。

可是它也太小了吧，还没有我的大拇指大！我正有些丧气的时候，似乎也听到"拇指姑娘"萝卜用只有我能听见的声音说："谢谢你把我拔了出来，让我能看到阳光！"我又一下子高兴起来——我就像燕子，带着"拇指姑娘"来到了人间！

拔了很长时间以后，我们的袋子都快撑破了，到了要跟萝卜地说再见的时候了，我还想拔出一个可以作纪念的萝卜。功夫不负有心人，最后，我真找出了一个可以作纪念的萝卜，它的样子像茶壶，很小巧，我就叫它"萝卜茶壶"。

我是最后一个离开萝卜地的，但我心里就像喝了蜜一样甜。

这一次的拔萝卜，真是一次令人难忘的旅程啊！

拔萝卜

刘士林

周五下午，热心的爸爸妈妈们把我们送到了日思夜想的萝卜地。

一下车，我就看到了一大片萝卜地。我兴奋地跑进去，没想到，刚下过雨，萝卜地很湿，泥巴就像钢丝一样把我的鞋紧紧地箍在了地上。我只好慢慢地往回挪动，终于回到车边，领上鞋套，我三下两下就穿上了——啊，我都佩服我的速度了！

　　进了萝卜地，我用手攥住萝卜叶的最底部，用力一拔，第一个成果就出来了。再找一个拔出来，第二个成果也出来了。我用这种办法拔了很多萝卜。可是，也有很多大萝卜拔不出来。我只好又拽又拔，它才能从泥里很不情愿地出来。许泽昊爸爸看我这么费劲，就教我一个拔大萝卜的好办法：先用手挖开萝卜的一侧，再把小拇指、无名指、中指、食指并在一起，插到里面，大拇指夹住对侧，用力一拔，大大的萝卜就出来了。这个办法真有效，我用它拔到了很多大萝卜。不一会儿，我的袋子就盛不下了。我又拿了一个大袋子，继续我的拔萝卜之旅。

　　拔萝卜的过程中，我们还发现了一只小田鼠。可能是因为

我们的欢声笑语，也让它很羡慕吧，它急匆匆地从窝里蹿出来，刚想看看我们，结果被胆小的女生的尖叫声吓呆了。它忘记了身后有地洞，一溜烟就逃走了。我看见小田鼠瞪着眼睛，咧着大嘴，没命似的四处乱窜。这时，尹玺程抬起他的大脚，照准小田鼠一脚踩下去。真准！小田鼠当场就被踩成了肉饼。可怜的小田鼠，还没享受够萝卜的美味，就这么上了西天！

　　哇！拔萝卜有这么多的乐趣啊！在回家的路上，我一边回味着拔萝卜的快乐，一边开心地想着爸爸妈妈看到我的胜利成果时的表情，可真幸福啊！

　　难忘的萝卜课啊！

常老师点评：

　　　　这次拔萝卜，每个孩子的作文都达到了一个高度。因为是亲身经历的，文章写得很精彩。每个孩子的关注点不一样，写作的角度也就不一样。遗憾的是，有些小蚂蚁的文章没有在这本书里出现，让我一一写下他们的名字："百灵鸟"朱培君、"思考者"尹玺程、"胸怀天下"的孙子育、"求知若渴"的孙树华、"坚持不懈"的边中玺、"妙笔生花"的杜宇航和王梓涵、

"书声琅琅"的许金庸、"一鸣惊人"的王润锴、像"幽兰"一样散发着芳香的温宸瑜和李雅静，以及我们的"警察哥哥"张洪燊。我相信，你们的文章会在你们自己的书中出现——你们的故事，要由你们自己去书写。

在经济学的天空下

三年级，孩子的自我意识开始发展，他们会有自己的道德原则和评价标准，如何引导孩子朝向道德的最高处，让"我要遵守规则"内化为孩子的道德原则，是三年级很重要的教育任务。开学第一天，我讲了《生命列车》这个故事，把道德图谱带进来，给了孩子们很多思考。但仅仅给一个图谱是没有意义的，规则意识必须要在共同生活中才能形成。第二周，原想把美国雷夫老师的经济制度搬进来，每个孩子要通过努力工作为自己赢得课桌椅的使用权。没想到，急性阑尾炎让我在医院过了一周，加上5月份刚做的卵巢囊肿手术，身体一下子虚弱下来。

出院之后的第二天，我就回到教室，但只能给孩子们上课，上完课，就回家休息——往往一堂课上下来，出的虚汗把头发都浸透了。

第三周，我就能一整天待在教室里了，我们的经济制度也就在这时候拉开了序幕。

经济制度的核心，是规则意识的形成。

在班里，每个孩子都有工作，我根据孩子的工作情况付给孩子工资。工资一周一发，根据工作性质，周工资为120～130元。这是第一次尝试，我没有让孩子申请，而是根据每个孩子的情况给他们分配了工作。像工资比较高的卫生班长，我就分配给了学习能力偏弱但非常热心的孩子。

1. 卫生班长8人，周工资130元。分别负责教室不同区域的卫生。因为我们需要整洁的教室环境，打扫卫生是辛苦而且琐屑的，所以，工资比较高。

2. 警察4人，周工资130元。警察是负责维持这个世界的秩序的，他们要随时检查教室卫生、课桌椅摆放，要根据情况开出罚单，同时和卫生班长一起负责教室的整洁。所以，工资也比较高。其中，两个人负责检查地面和桌面卫生，两个人负责检查抽屉洞的整洁。

3. 图书管理员4人，周工资130元。这是一份相当细致的工作，稍有马虎，图书就会流失。每天借出和归还的图书，要一一记录。所以，工资比较高。

4. 外交官2人，周工资120元。负责联系并办理一些班

级事务，比如去金茵小学打印材料，和老师们协商事情，征
求老师对班级的意见，征求家长的意见并及时和家长沟通，
等等。

5. 小班主任 2 人，周工资 120 元。每天都通过飞信向家长
汇报小蚂蚁班的学习生活情况。其中，一个人负责汇报教室里
发生的大大小小的故事，一个人负责汇报一天的课堂情况。

6. 常务班长 1 人，周工资 120 元。负责维护教室的秩序，
处理同学中出现的问题，并及时和老师、家长沟通。老师不在
的日子，要尽到班长的职责。

7. 金鱼管理员 1 人，周工资 120 元。负责喂养鱼缸里的金
鱼，两天喂一次鱼食，定时换水，保证金鱼健康成长。

8. 财务班长 9 人，周工资 120 元。每个小组有一个人负责
组内同学财务的管理，每个周四晚上把每个同学的工资算好以
便周五放学之前发工资。还要负责在每个月末收齐小组内同学
（包括自己）的课桌椅使用费。

9. 语文、数学、英语课代表 3 人，周工资 120 元。负责收
发作业；上课前，要帮老师准备好相应的物品，并及时发下上
课用的作业本；该科作业没有完成的，要负责和这些同学的父
母沟通。

10. 护花使者 1 人，周工资 120 元。负责教室里的花花草
草，按时浇水，保证花草的健康成长。

11. 秘书 1 人，周工资 120 元。根据班主任的要求，开出

相应的罚单；班级的各项通知替班主任通过飞信发给各位家长；帮助班主任处理班内杂务。

这个工作单，在实施之后，也是几次修改，直到每份工作切实符合每个孩子的特点。

有一天早上到校后，我发现教室地面有些脏，等孩子们来得差不多了，我拿起扫帚扫地，扫完了，就对负责清理地面的刘士林和王昊宇说："今天，你们的工作我帮你们做了，很抱歉，要从你这周的工资中每人扣掉50元。"两个孩子听后一伸舌头。从那以后，教室里就再也没看见过一片废纸。

张洪燊负责擦教室的玻璃。以前，如果不安排人擦，玻璃经常是大花脸，而现在，窗明几净，已经成为小蚂蚁班的一道风景线。

工资挣来有什么用？

月末，每个孩子要上交课桌椅使用费800元——我们称之为租金。但是，仅靠工资是远远不够的，这就要依靠我们的奖励制度了。当然，有奖金，就有罚金。

奖金：

1. 任何一门学科的家庭作业优，奖励10元。

2. 任何一门学科考试95分以上，奖励30元。

3. 任何一门学科考试满分，奖励50元。

4. 习作达到卓越标准，一次奖励50元。达到优秀标准，一次奖励30元。如果出现潦草现象，一次扣掉50元。如果出现让人惊喜的，就格外奖励。

5. 被评为当天的优秀小组，小组成员每人奖励 10 元。

6. 一天结束时，赢得所有任课老师对全班同学的赞美（所有同学认真听讲、积极参与），并且老师不在时能非常安静，奖励 50 元。

7. 每天练乐器 30 分钟，连续一周，周五早晨能收到家长的证明信，每次奖励 50 元。

罚金：

1. 一次作业不完成，罚 50 元。

2. 粗鲁无礼，例如，在其他同学讲话时不认真听，老师发奖品时去争抢，和同学发生争执大喊大叫，上课时说话，游戏时有不文明现象，集会时不遵守集会纪律等，罚 50 元。

3. 没有很好地尽到自己工作职责的，一次罚 50 元。

4. 桌子上和抽屉洞里杂乱无章，桌子底下有纸，桌面很脏，在警察突然检查时发现的，罚 100 元。

5. 不诚实，罚 500 元。

这是一个很有趣的游戏。而游戏精神就是：只要你遵守规则，肯努力，就能不断地为自己积攒财富。

我设计了精美的小蚂蚁班币，有 10 元、20 元和 100 元三种币值，一面是小蚂蚁的图像及币值，一面是全班同学的合影。不同的币值用了不同的颜色，大小和人民币一样，请广告公司打印了出来。我还设计了工资表，文具店里正规的工资表太繁

瑕，孩子们用起来不方便。工资表就分奖金和罚金两项，每一项里都要写明款项和金额，我也请印刷厂单独印刷成一个本子的样子，封面加上了道德图谱，很清晰。工资表每人一本，自己要记录自己的工资。同时，各个小组的财务班长有单独设计的工资表，负责记录小组内每个同学的工资。而财务班长的工资表，又由组里另外一个同学同步记录。这样，每个孩子的工资情况都是两份，月底发工资时要能核对起来。至于罚单，我到学校打印室打印了几百张，分别给警察和秘书，警察有权自己开罚单，秘书必须要经过我的授权才能开。每张罚单都有存根，撕下来的一张交给财务班长，财务班长负责把罚单贴到工资表的背面，月底也要一一核对，这就保证了每一次罚款都有罚单。

OK，现在，好玩的游戏开始了。

一开始，我们只是在工资表中加钱减钱，孩子们还没有充分感受到游戏的乐趣。但已经有很多孩子，会通过各种努力为自己赢得奖金了，像晚上主动写日记，每天主动练琴，等等。而为了能评上当天的优秀小组，小组长们也煞费苦心。几个小组长自己制定了考核表，哪位同学在小组讨论时积极发言了，或者因为表现突出为小组争得荣誉了，就在他名字后面盖一个印章，等攒够了多少个印章，小组长还有奖励给他。有一次课堂上读《胡桃夹子》，李可心就因为小组的分角色朗读从 B 升到了 A，送给组员每人一个书签，希望大家更用心地练习朗读（我们的小组评价，用 A、B、C、D 四个等级，A 加 3 分，B 加 2 分，C 加 1 分，D 要扣掉 2 分，主要是用在小组合作中）。

周末到了，在孩子们一一核对的基础上，我把工资情况全部写到黑板上，选出了第一周财富榜的前十名，他们的工资都在 400 元以上（因为是 9 月中旬开始实施经济制度的，所以月底，孩子们只要交 400 元的租金就 OK 了）。当我宣布已经挣够 400 元的，下周挣的钱就完全属于自己时，孩子们欢呼雀跃。这时候，傻眼的只有一个人，那就是 S，他的工资只有 15 元。

这一周，他屡屡违反课堂纪律。辛辛苦苦挣的钱，仅因为"粗鲁无礼"这一项，就被罚款 100 元。最初，他并不在乎。等到公布工资，他才知道问题大了：如果下周他挣不到 385 元，就意味着他要失去课桌椅的使用权，要自己搬个板凳到教室一侧听课了！

晚上，接到 S 妈妈的电话，她说她第一次看到儿子有了压力，晚上饭也吃不下了。我说，有压力是好事，说明他在乎，我们所能做的，就是要帮助他，直到规则内化到他心里。

路钧皓妈妈在博客里，记录了儿子的故事：

儿子在上周共赚了 218 元小蚂蚁班币，最高的赚到了 400 多呢！钧皓为何这么少呢？因为被扣了 200 元。一次是上音乐课，老师一放音乐，他就出怪声，于是被扣了 100 元。当时中午我去接他，看他不太对劲，很不高兴的样子。还没等我问，他就撇着嘴强忍着哭声跟我说："妈妈，我被扣钱了，扣了 100 元。"问了原因，我便来了个更狠的："哼，你现在又不是小孩子了，都上三年级了，还不知道遵守课堂纪律。如果我是 Ms 常，就给你扣 500。"可不得了，话音刚落，钧皓直接放声大哭："要是那样，我就是负的了。"呵呵，看他痛哭的样子，有些于心不忍，我就换了种方式："妈妈知道你被扣了钱心里肯定也很难受，但是它让你更懂得了一些道理，是不是？"儿子哽咽着说："是，我以后肯定不会再违反纪律了。"

本以为一周扣 100 就 OK 了，没想到到了第二天，钧皓竟然又告诉我，因为桌洞里物品摆放不整齐被警察检查到后开了 100 元的罚单。这次钧皓的心情不是用痛苦来形容了，直接有些崩溃的感觉了。我们分析了原因，钧皓总结出一条，那就是：

赚钱难，扣钱容易。

周五公布了工资情况后，孩子们最期待的就是发工资——第一次，就要成为一个仪式。简单而隆重的仪式，不经意间就会深深刻写在孩子们的生命中。

所以，周六下午，我们举行了三年级的第一次孩子和家长都参加的家长会。

大家都知道这是我们发工资的日子。为什么发工资？不仅仅是每个孩子有工作、有奖金，重要的是，我们擦亮了每一个日子，每一天都在向前走去。马上就要过去的9月，每个孩子都有沉甸甸的收获，我们要在大家聚会的时刻，来见证生命是怎样一天天丰盈起来的。对家长来说，他们因此会知道，工资只是一种形式，生命内在的改变才是根本。对孩子来说，他们也因此会知道，我们领到的这份工资，是货真价实的。会上，我们首先回顾了三年级的目标——用行动书写卓越、用故事书写传奇、用生命编织奇迹；接着用大半个小时的时间，回顾了9月份的课程；最后，我详细介绍了经济制度的原则和奖惩方法，再一次告诉家长，经济制度不是用来惩罚孩子的，我们要通过这个制度让孩子明白：

1. 教室是一个要遵守规则的地方。

2. 只有你努力了，才能得到你想要的东西。

3. 学会理财和积累财富。

4.学会延迟享乐。

当 PPT 中的"发工资喽"四个大字出现时，教室里一片欢呼声。周五下午，我就把每个孩子的工资数记下来，买了 36 个红包，把每个孩子的工资放到红包中，写上名字。孩子们拿到红包时开心极了，他们一回到座位上，就打开红包数"钱"。看到这样的场景，家长们也忍不住凑过去，和孩子一起数。

后来，几个妈妈说，孩子们拿到第一周的工资后，每天回到家的第一件事就是数钱，乐此不疲。丁子轩更好玩，妈妈有一次晚上起来，发现他的房间里亮着灯，进去一看，丁子轩竟然在被窝里第 N 次地数他挣的班币！

接下来的一周，孩子们更加努力地挣钱。

S 一次也没有因为违反班规而拿到罚单，但这并不意味着他达到自律了，他只是害怕被罚款而已。慢慢来，习惯不是一日之功。为了挣到足够的钱，他更加卖力地擦玻璃，小组讨论时也很积极，每天晚上都要做一篇写绘日记，写得很认真。等到周末时，他竟然拿到了 530 元的周工资，简直把他乐坏了！

孙树华就没那么幸运了。他有两次家庭作业没写，拿到了两张罚单。周末结算工资时，他哭咧咧地说："我交给你 400 元后，就只剩下 20 元了！"

最好玩的是王文翰。上周因为生病，他两天没去学校，上周的工资就只有 300 元，他恨恨地对我说："我对你这个经济制度很有意见，我也不想参与进去！"但这一周的前几天，他带领的小组连续被评为优秀小组后，他马上变了一个语调："我觉得这个经济制度是很不错的，我现在要琢磨一下，怎么才能成为班里的首富。"周四、周五开运动会，大部分孩子只能做观众，很无聊。所以，每一次运动会，我都让孩子们带自己喜欢的书去看。恰好前几天刚给每个孩子发了三本猪宝弗雷迪系列的书，就让孩子们带过去，谁能一天读完一本，就奖励50元。对王文翰来说，阅读一本十几万字的童话，一个半小时就能完成了。何况，他早就在发下的当天读完了一本。他妈妈担心他的眼睛，没有让他继续看下去。运动会时终于有机会了，剩下的两本，他一个上午就读完了。下午又把一本《圣经的故事》带过去，一动不动地坐在那里看（事实是，如果没有奖金，他也会一动不动地坐在那里看书）。一天的时间，他就为自己挣了150元。周末结算，他拿到了600元的周工资！

周五下午，也就是9月30日下午，我们举行了9月份的跳蚤市场。

这个活动，每月举行一次，孩子们交上租金后，剩下的钱就可以自由支配了。当孩子们发现竟然可以通过自己挣的钱来买东西时，开心得不得了。孩子们从家里拿来值得拍卖的东西，或者不想拍卖想直接卖出的东西，我们也通过班费买了一些学习用品，孩子们都可以使用班币来购买。这个游戏还有另外的规则：如果你不想买东西，就可以继续攒钱，直到攒够2400元，就可以在下个学期初一下子买下自己的座位，成为你的不动产，这个学期就不用再交租金了。如果你还有足够的钱，还可以买下同学的座位，让这位同学到你那里交租金——这就要懂得延迟享乐，需要有高度的克制力，因为跳蚤市场上的诱惑实在太大了！

工资、课桌椅使用费、跳蚤市场，这都是游戏外显出来的东西。有些老师对我们的经济制度很感兴趣，也模仿使用，但效果不够好，就是因为没有把握住经济制度的核心。运用之妙，存乎一心。在小蚂蚁班，我对罚款高度谨慎，尤其"不诚实罚款 500 元"一项，从来没有使用过——作为规则，你可以写在那里，但绝对不能给孩子贴标签。道德币的使用，是慎而又慎的。

班币还有一个重要作用，就是帮助孩子们赢得旅游的机会。我们经常外出旅游，经济制度实施以后，每人需要交一定数额的班币才能获得参加集体旅游的资格。于是"小蚂蚁班聚米银行"也就应运而生——如果想去旅游又没有足够的班币，就可以向银行借款。

那次乍暖还寒时候，我要带孩子们去南京看梅花。每人需要交 1000 元班币，否则没有外出资格。C 因平日贪玩，存款不多，去南京前只有 400 元班币。没办法，他只得向银行借 600 元——那个不情愿啊！在孩子们眼里，借款可不是一件值得炫耀的事。南京归来后，他很认真地写作文——别人写一篇，他写两篇；别人写 600 字，他努力写到 800 字……在"借债"的压力下，C 的写作能力竟然有了一个大的提升。还清贷款的同时，他发现，自己的作文已经得到老师的多次表扬了，可把他高兴坏了！

等孩子们到五年级，经济制度我就不会再使用了，因为那时候，学习本身就是最大的奖励——热爱学习、终身学习是我们的终极目标之一。而规则的遵守，也已经内化到孩子们的生命之中了。

让每一个生命都在教室里开花

这次"齐鲁名师"为期 21 天的赴澳学习，收获很大。

最大的收获首先来自我的教室。21 天不在教室里，我和孩子们共同创造了这个两地书课程。每天，我把这些信及时发到学校文印室（有时候也会因为网络问题而耽误，在澳大利亚上网极不方便），力争孩子们能在第一时间读到。我写了 16 封，孩子们平均写了 10 封回信。这些信写下来，孩子们的写作能力有了一个大的提升。写作能力强的，下笔就是千字了——最后一篇《拔萝卜》，就是我对这个课程的一次检验。这种写作上的突飞猛进，是我没有想到的。

回到教室的那一天，推开教室门，看到熟悉的一切，看到孩子们和教室后面的家长，我的眼泪就下来了。

那是刻在我生命中的一切啊！

Ms 曹别出心裁地和孩子们一起用诗歌来迎接我——既是谢尔诗歌之旅的告别仪式，又是对我的欢迎仪式。那一首首诗歌，因为共同生活，Ms 曹竟然巧妙地把孩子们的思念编织了进来。孩子们读得真是好啊，感情充沛，声音饱满，我和 Ms 曹都掉下了眼泪——Ms 曹看到了自己和孩子们的生命在这 21 天里开出的小小的花朵，我看到的是生命的庄严和美丽。

孩子们又送给我很多小礼物。丁子轩竟然用纸叠的星星做了一串手链，几个女孩则用星星做了一长串项链，给我挂在脖子上。还有一张张卡片，一首首小诗，都让我动容不已。

21 天的旅程，就这样画上一个句号。

回头再看澳大利亚之行，对我触动最大的，有五个关键词：

第一个关键词：从容。

澳大利亚人的生活节奏、澳大利亚的教育节奏，都是非常从容的。这跟他们的国情有关，年轻人几乎不用担心就业问题，劳动亦无贵贱之分。所以，在学校里，你很少看到步履匆匆、眉头紧皱的学子。那么，在人口众多、竞争压力颇大的中国，作为老师的我们，和我们教室里的每一个孩子，能不能都有一种从容的心态？大部分澳大利亚人的从容就是慢节奏，而我所理解的从容不是慵懒，不是放慢节奏，而是让大脑紧张，让身体放松。这就意味着教室里要有更丰富的课程，用老师的整体人格去影响学生。这种从容，是我身上所缺乏的——虽然小蚂蚁教室里的课程足够丰富，但我还是容易急躁，从容的心态，因此也成为澳大利亚之行最大的收获之一。

从澳大利亚回来之后，孩子们也发现，我不再大声对他们说话了！温和而坚定的力量更促进了班级秩序的形成。同时，我也调整了回来后 12 月的课程计划，把原定为期三周的中国神话课程放到了下个学期初，从从容容地带着孩子们进行我们的童话剧课程，让每个孩子都深度卷入进来。这样的课程调整，让我和孩子们都受益无穷。课程有了深度，有了长度，就有了质量。

第二个关键词：解决问题能力的培养。

澳大利亚教育非常重视培养学生解决问题的能力，在那里，知识是动词，如何运用知识，让知识活起来，是他们课程的核心。我们的教育过于功利，知识就成为死的东西，硬生生地灌注到孩子们的大脑里。而解决问题能力的培养，又和他们的课程综合有关系。

比如 Rose Park Primary School 的 Inquiry 课程。Inquiry 是发问、咨询的意思。除了语文和数学，澳大利亚教育大纲上的健康、美术、社会、自然和外语等课程，就是在这个课程之下的综合课程。学期初，全校的教研组长在一起讨论，制定学前班到七年级的六大主题的计划和安排表。六个主题分别是：我们是谁？（我们要自己去寻找自己是谁。）我们在哪里？（主要讲历史。）我们如何表达我们自己？（从文化、活动和创造力这几个方面来考虑。）世界是怎么运作的？我们怎么管理我们自己？我们的星球是什么样子的？这六个主题是核心，各年级在六个主题之下确定自己详细的主题，然后确定自己的目标，并制订自己的核心计划。

举个例子。比如"世界是怎么运作的？"这个主题，在高年级，老师就要引导孩子先提出自己的问题，比如世界为什么要和平？在什么情况下会有冲突？发生战争了吗？发生战争了怎么办？孩子们的问题会很多，大家一起把问题罗列出来，最后确定几个最值得研究的问题。然后，不同的问题就放到不同的学科中。比如可以把这些问题放到语文中，这就要作一个演讲；也可以放到美术中，这就要画出你所知道的战争；还可以放到数学中，就要看发生了几次战争，死了多少人，政府花了多少钱；还可以和音乐结合起来，学唱国歌或者可以给英雄写一首歌。

这个课程着重培养的是能力和态度。一个主题结束后，老师要对每一个学生进行评估，包含了承担责任和风险的意识、沟通能力、合作精神、独立解决问题的能力、运用知识的能力、思想的开放等很多方面。

从三年级下学期开始，我也会和任课老师商量，制定出我们的几个主题，在综合学习的过程当中，培养孩子解决问题的能力——基于问题的学习将是对我们每个人的挑战。

第三个关键词：健身。

澳大利亚是一个全民健身的国家，导游曾经用"风雨无阻"来形容澳大利亚人对锻炼的态度。每到一个学校，我们也都能看到他们宽大的操场，感受到他们对健身课的重视。我很羡慕这样的课程安排，下个学期，我会和体育老师商量，在体育课中加入球类运动，竞争与合作的体育精神应该经由体育课得到培养。同时，要保证每个孩子每天至少一个小时的户外活动时间。

第四个关键词：艺术。

Rose Park Primary School的每个孩子都会一门乐器，这和我们小蚂蚁班是一样的。不同的是，他们的资源太丰富了，学校之间的联谊也是常事，而我们的重视远远不够，艺术，有时仅仅成为学校装潢的一个门面。三年级下学期，我们班的室内交响乐团就要成立了，如何让艺术成为生命的一部分，是我要和音乐老师一起思考的问题。

第五个关键词：量身制作。

在澳大利亚的中学，有足够多的课程供学生选择，这就是为孩子们量身制作。我们不具备这样的课程资源，大家都往高考这一根独木桥上挤。怎么办？唯一的办法是：让课程足够卓越，让孩子们足够卓越，在将来的学业生活中也能足够卓越。

如何让生命抵达卓越？途径只有一个：穿越一个个卓越的课程。课程的核心是让学生通过克服困难而拥有成就感，从而更愿意去克服困难，不断地获得生命的尊严。卓越的标准，就在这个过程中不断建立。而卓越的追求，同样在这个过程中成为生命本身的需要。新教育的晨诵、整本书共读、经典文本的阅读、童话剧、生日故事、班级交响乐团等课程，在卓越标准上，远胜过澳大利亚的课程。

而课程的创造和实践，如果离开了在教室里和孩子们天天在一起的共同生活，就很难抵达生命深处。所以，我一直对教室情有独钟。教室是什么？教室是我们的愿景，是我们想要到达的地方，是决定每一个生命故事平庸还是精彩的舞台，是我们共同穿越的所有课程的总和，它包含了我们论及教育时所能想到的一切。

让每一个生命都在教室里开花。让每一个孩子能在清晨醒来时，对即将开始的一天充满期待和向往；让每一个孩子结束一天的学习回家时，能对教室充满留恋和不舍。

——这，就是我的理想。